# Zu Gast im Westerwald

Renate Kissel und Ulrich Triep

# Zu Gast im Westerwald

Renate Kissel und Ulrich Triep

# Inhalt

# Von Koblenz-Ehrenbreitstein in den Westerwald

Koblenz-Ehrenbreitstein

Seit der Bundesgartenschau in Koblenz 2011 gibt es die Möglichkeit, mit der Seilbahn bequem über den Rhein zur Festung Ehrenbreitstein hinaufzufahren. Oben auf dem Plateau angekommen, beginnt schon der Westerwald. Einen kurzen Blick zurück auf Koblenz sowie das idyllische Rheintal und die Reise durch den Westerwald kann beginnen. Soweit das Auge reicht, breiten sich die Wälder mit ihren Hügeln und den romantischen Bachtälern aus.

An dem kleinen Ort Urbar vorbei fließt aus den Wäldern kommend der Mallendarer Bach. Ein Wanderweg führt nach Vallendar mit seinen alten Fachwerkhäusern – ein Ort, der sich zu einer bedeutenden Hochschulstadt entwickelt hat. Die private Elite-Hochschule für Unternehmensführung findet sich dort ebenso wie die Philosophisch-Theologische Hochschule der Pallottiner, die seit einigen Jahren unter ihrem Dach auch eine Fakultät für Pflegewissenschaft beherbergt. Das Haus Wasserburg bietet jährlich für einige tausend junge Menschen Schulung fürs Leben an.

Über Weitersburg wandern wir nach Bendorf und Sayn. Hier mündet der Brexbach, der von der Montabaurer Höhe kommt, in den Saynbach, der schon eine lange Reise durch den Westerwald hinter sich hat.

In Sayn gibt es einige interessante Sehenswürdigkeiten, so z. B. das Schloss der Fürsten zu Sayn-Wittgen-

Schloss Sayn

stein-Sayn. Sehr engagiert für die ganze Region sind dabei Gabriela Fürstin zu Sayn-Wittgenstein-Sayn und Fürst Alexander zu Sayn-Wittgenstein-Sayn.

Eine Führung durch den Fürstlichen Salon mit seiner Gemäldegalerie sowie das Familienmuseum geben Aufschluss über die Geschichte des Fürstenhauses. In der Schlosskapelle ist das Armreliquiar der Heiligen Elisabeth ausgestellt. In den anschließenden Räumen zeigt das Rheinische Eisenkunstgussmuseum der ehemaligen Sayner Hütte aus dem 18. Jh. schöne Exponate.

Die Gießhalle am Ende des Schlossparks gilt heute als besonderes Industrie-Denkmal. 2014 hat der Freundes-

kreis Sayner Hütte an den Erbauer Carl Ludwig Althans und dessen 150. Todestag erinnert. Das Land Rheinland-Pfalz hat die Aufnahme in die Liste des Weltkulturerbes beantragt. Auch das Mittelrhein Musik Festival wird 2015 in der Sayner Hütte eröffnet und wir können uns auf weitere Festlichkeiten freuen.

bewundern und fotografieren. Gegründet wurde dieses Paradies schon 1987 von dem Fürstenpaar.

Oberhalb vom Schloss im Brexbachtal steht die Alte Abtei Sayn aus dem 12./13. Jh. Das ehemalige Prämonstratenser-Kloster wird heute als Bildungsstätte genutzt. Der romanische Kreuzgang, das Brunnenhaus sowie die Abteikirche mit der berühmten Stummorgel können besichtigt werden.

Hier liegt auch die 800 Jahre alte Stammburg der Fürsten zu Sayn-Wittgenstein-Sayn. Man kann sie zu Fuß erreichen und wird oben angekommen mit einer unerwartet schönen Aussicht belohnt.

Hein´s Mühle am Brexbach in Sayn ist ein Mühlenmuseum. Die Mühle wurde im 16. Jh. als Ölmühle errichtet. 1816 fand der Umbau zur Getreidemühle statt. Ende des 19. Jhs. übernahm Anton Paul Hein sie in seinen Besitz und brachte sie in den heutigen noch voll funktionsfähigen Zustand.

Blauer Morpho

Der Schmetterlingsgarten im Schlosspark, zwischen schönen alten Bäumen und Teichen gelegen, und die großen Pavillons, in denen exotische Falter aus aller Welt frei zwischen tropischen Pflanzen fliegen, sind Orte von besonderem Reiz. Hier kann man den Blauen Morpho aus Brasilien, den Atlasspinner aus China oder den Bananenfalter, auch „Eule" genannt, aus nächster Nähe

# Woher kommt der Name „Westerwald"?

Das mit dem Wald stimmt, aber vom Rhein aus gesehen liegt er doch im Osten! Da sich dieses Waldgebiet aber westlich des Königshofes Herborn befindet, wurde es mit seinen Ortschaften und Gemeinden kurzerhand als „Westerwald", heute der „Hohe Westerwald", bezeichnet. Im 19. Jh. bekam das Gebiet des Rheinischen Schiefergebirges zwischen Rhein, Sieg, Heller, Dill und Lahn den Namen Westerwald.

Dieser war schon früh besiedelt. Von 760–500 v. Chr. hinterließen die Kelten ihre Spuren. Darauf weisen noch einige Namen hin wie zum Beispiel „kir" (kyr) – Wasser – und der Ort Kyrburg. „Nakas" – steile Höhe – begegnet uns heute als Familienname. Nach den Kelten kamen die Germanen.

Für die Römer war der Westerwald als Grenzzone gegen das Freie Germanien von Interesse, denn sie errichteten auf der rechten Rheinseite ihren Schutzwall, den Limes. Reste des Limes, der mit seinen Wachttürmen und Kastellen von Bad Hönningen am Rhein bis an die Donau reichte, können noch heute besichtigt werden.
Um 300 n. Chr. siedelten sich die Chatten in der Region des Westerwalds an. Ortsnamen mit Endungen wie „-ar" (Lahr, Wetzlar), „-mar" (Hadamar), „-ata" etc. deuten darauf hin.

Rekonstruierter Römerturm

Von etwa 600–900 n. Chr. besiedelten die Franken das Gebiet und hinterließen die Namen mit den Endungen „-rode", „-scheid", „-hahn", „-berg", „-tal", „-seifen", „-hausen", „-hofen", „-kirch" und „-burg". Im Mittelalter hatten Fürsten, Grafen und Herzöge hier die Herrschaft inne.

Schloss Montabaur

# Die Kreise Montabaur – Altenkirchen – Neuwied

## Montabaur

Schon aus der Ferne ist das Wahrzeichen von Montabaur, der Kreisstadt des Westerwaldkreises, zu sehen: ein ockergelbes Schloss auf dem Berg über der Altstadt. Im Jahr 959 wurde bereits die Vorburg als Castellum Humbacense erwähnt. Sie diente der Sicherung des Handelsweges von Köln nach Frankfurt und war der Wohnsitz des Herzogs Hermann von Schwaben. 1018 übertrug Kaiser Heinrich II. die Burg einschließlich der Grundherrschaft auf das Erzbistum Trier. Erzbischof Theoderich von Wied ließ die Burg weiter ausbauen, um das Gebiet sicherer zu machen. 1212 wurde sie jedoch vom Grafen von Nassau angegriffen und zerstört. Nur wenige Jahre später konnte Erzbischof Theoderich die Burg wieder aufbauen und nannte den Burgberg „Mons Tabor", nach dem Berg „Tabor" in Palästina. Daraus entstand später der Name „Montabaur", der erstmals im Jahr 1227 urkundlich erwähnt wurde.

Der hohe, weithin sichtbare Bergfried wurde in den Jahren 1280–1290 errichtet. Um 1520 wurde die Burganlage zu einem vierflügeligen Renaissance-Schloss und später, in den Jahren 1687–1709, im Barockstil umgebaut.

Heute ist im Schloss Montabaur ein Zentrum für Management-Qualifizierung von Führungskräften untergebracht und die Akademie Deutscher Genossenschaften betreibt hier ein Hotel mit etwa 300 Zimmern.

Vom Schlossberg hat man einen schönen Ausblick auf die Stadt Montabaur und ihre Umgebung. Am Ende der Altstadt befindet sich die katholische Pfarrkirche St. Peter in Ketten aus dem 13./14. Jh. und dahinter die 1452 erbaute Friedhofskapelle St. Anna. Vom Volksmund wird sie „Fuhrmannskapelle" genannt, was auf einen mittelalterlichen Umspann-Fuhrwerkshof hinweist. Heute hat Montabaur einen ICE-Bahnhof und ist europaweit angebunden.

Kirchstraße mit Rathaus

Auf der Kirchstraße, die vom Schloss durch die Altstadt führt, stehen viele alte Häuser aus dem 17./18. Jh.; darunter das der Nassauer Freiherren vom Stein. Weiter am Großen Markt befindet sich das 1866–1868 erbaute Rathaus mit den Roten Löwen in der Vorhalle sowie dem Sauerwasser-Brunnen vor dem Eingang, aus dessen Löwenmaul Mineralwasser aus dem Sauertal sprudelt. Hier am Großen und Kleinen Markt laden Cafés und Restaurants zum Verweilen ein.

Auf dem Konrad-Adenauer-Platz, einem ehemaligen Klostergarten, befinden sich kleine Wasserspiele. Dort sind einige Schusterjungen und ein Schuster zu sehen. Die Skulpturen sollen darauf hinweisen, dass in den vorigen Jahrhunderten Montabaur und Umgebung als Zentrum des Schuhmacher-Handwerks galt.

14

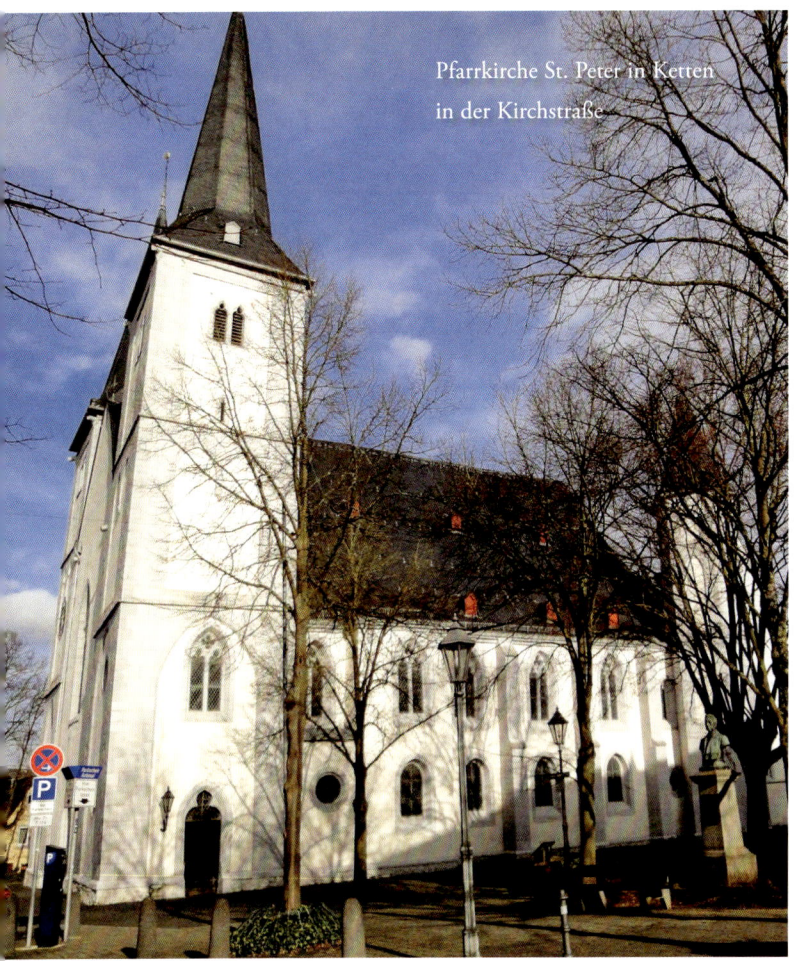
Pfarrkirche St. Peter in Ketten
in der Kirchstraße

Schusterjunge

Seit einigen Jahren gibt es deshalb auch einen ausgeschilderten Schusterjungen-Wanderweg durch die Altstadt zum Schloss und zurück zum Konrad-Adenauer-Platz. Der Weg führt weiter zu Stadtmauerresten und dem gut erhaltenen Wolfsturm. Nicht mehr weit ist es bis zum südlich gelegenen Naturschutzgebiet mit seinem Spießweiher, Tennisplätzen, dem Kneipp-Trimmpfad und dem Mons-Tabor-Bad.

Jedes Jahr im September findet der traditionelle Schustermarkt statt, wo nicht nur Schuster, sondern auch viele andere Handwerker aus der Region ihr Können zeigen.

Die umliegenden Gemeinden Horressen, Elgendorf, Eschelbach, Wirzenborn, Reckenthal, Bladernheim und Ettersdorf sind seit 1972 in die Stadt Montabaur eingemeindet.

# Altenkirchen

Im Norden des Westerwaldes liegt die schöne Stadt Altenkirchen. Sie ist Sitz der Kreisverwaltung des Landkreises Altenkirchen und Verwaltungssitz der Verbandsgemeinde.

Der Name leitet sich ab von der ersten Holzkirche, die an dieser Stelle um 750 gebaut worden ist. Urkundlich wird Altenkirchen Anfang des 12. Jhs. als „Hof zu Altenkirchen" erwähnt. 1314 verlieh König Ludwig der Bayer Altenkirchen die Stadtrechte, die von Kaiser Karl IV. 1357 bestätigt wurden. Heinrich IV. Graf von Sayn ließ 1586 an der Stelle der ehemaligen Holzkirche, direkt neben der romanischen Steinbasilika, ein Schloss errichten. Schloss und Basilika sowie große Teile der Stadt wurden 1728 durch einen Großbrand fast ganz zerstört. Später wurde hier die evangelische Kirche nach Plänen des preußischen Baumeisters Schinkel errichtet und 1827 eingeweiht. 1893 brannten erneut viele Häuser ab oder wurden beschädigt; darunter auch die Kirchen, Schulen und der Bahnhof sowie das alte Amtsgerichtgebäude. Am Ende des Zweiten Weltkriegs wurde Altenkirchen bei mehreren Bombenangriffen noch stärker zerstört. Der Wiederaufbau der Stadt konnte erst 1965 abgeschlossen werden.

Die Wilhelmstraße ist heute eine beliebte Fußgängerzone mit vielen Geschäften, Cafés und Restaurants. An ihrem Ende befindet sich die Privilegierte Apotheke in einem Gebäude von 1730, welches heute unter Denkmalschutz steht. Sie hat ihr Gebietsrecht für Altenkirchen und Umgebung bereits 1699 erhalten. Am nahege-

Altenkirchen

Pfeilerbasilika Almersbach

brachte. Als Ende des 18. Jhs. die Franzosen durch den Ort zogen, kam es zu einer Schlacht, die die Franzosen gewannen, in deren Verlauf aber ihr General Marceau fiel. Sein Denkmal steht in der Nähe im Wald, umgeben von duftig blühenden Veilchen. Im Zuge der freundschaftlichen Annäherung zwischen Frankreich und Deutschland nach den beiden Weltkriegen, schlossen Altenkirchen und das südfranzösische Tarbes einen Partnerschaftsvertrag. 1984 wurde ein Park zum „Parc de Tarbes" umgestaltet: ein großer Teich umgeben von Wiesenflächen mit bunten Sträuchern sowie einem Pfostenlabyrinth und einer Boule-Anlage. Angrenzend befinden sich der Jüdische Friedhof und der Festplatz. Eine zweite Städtepartnerschaft wurde 1997 mit der Gemeinde Olszanka in Polen abgeschlossen.

Der heutige Stadtteil Honneroth entstand nach der Eingemeindung der Ortschaft Dieperzen am Sörtherbach mit dem Hofgut Honneroth im Jahr 1979.

An der Südseite der Innenstadt entlang schlängelt sich die Wied. Sie ist der längste Westerwälder Fluss, entspringt in Linden bei Dreifelden auf der Westerwälder Seenplatte und mündet bei Neuwied in den Rhein. Bis dahin durchfließt die Wied ein großes Landschafts-

legenen Marktplatz – das Marktrecht wurde schon 1710 erteilt – sind zwei alte Häuser zu bewundern: das Marktcafé von 1663 und das Gebäude Ecke Gartenstraße aus dem Jahr 1602. In der Mitte des Marktes steht seit den 1970er-Jahren eine Brunnenanlage mit stufenförmigen Sitzgelegenheiten, geeignet zum Erholen und Lesen. Auf der anderen Seite der Wilhelmstraße liegt der Schlossplatz mit der Evangelischen Christuskirche.

Durch Altenkirchen führt eine alte Handels- und Heerstraße, heute die B 8, was Vor- und Nachteile mit sich schutz- und Wandergebiet, vorbei an Wiesen, Angelteichen und dem Bismarckturm, der 1914 auf der Anhöhe „Auf dem Dorn" aus Felsgestein der Umgebung erbaut wurde. Etwas weiter flussabwärts, in Almersbach, erblickt man hoch über der Wied eine sehenswerte spätromanische Pfeilerbasilika, die urkundlich erstmals 1199 erwähnt wird. Die barocke Turmhaube ist ein schöner Kontrast zu den im Innern der Kirche wieder freigelegten mittelalterlichen Wandmalereien.

Für Filmfreunde gibt es in Neitersen, südwestlich von Altenkirchen gelegen, etwas ganz Besonderes: Das Kino WIED SCALA. Dieses mehrfach preisgekrönte Programmkino ist allemal einen Besuch wert. Im Sommer sitzen wir gern vor oder nach dem Film draußen im Biergarten des Kino-Cafés. Während auf der einen Seite die Wied vorbeifließt, lässt auf der anderen Seite der Mühlbach an die historische Gebäudenutzung der Mühle denken, die von 1918 an auch Strom für den gesamten Ort lieferte.

Seit 1989 kann die **WIED SCALA** auf zahlreiche Auszeichnungen des Ministeriums für Wissenschaft, Weiterbildung, Forschung und Kultur zurückschauen. Trotz moderner Vorführ- und Tontechnik fühlt man sich in die Zeit der 50er-Jahre des vorigen Jahrhunderts versetzt. Hier werden interessante Kurz- und Dokumentarfilme, themenbezogene Reihen, aber auch spezielle Kooperationsprogramme, wie z. B. „Kino Vino" mit leckeren kleinen Bufetts und Weinproben angeboten. Erwähnenswert ist auch das Matinee-Programm „Kino mit Frühstück" sowie das ambitionierte Kinderfilmprogramm, insbesondere die Filmbildungsreihe „Lernort Kino", die begleitende Sondervorstellungen für Kindergärten und Schulen offeriert.

Eine weitere Attraktion im **Kreis Altenkirchen** im **Herdorfer Stadtteil Sassenroth** ist das **Bergbaumuseum**. Im Inneren des Museums stellt eine interaktive Schaukarte die Standorte der verschiedenen Gruppen und Hütten der Region vor. Ein umfangreiches Mineralienkabinett dokumentiert die geologische Formation der Siegener Schichten. Auch die Geschichte des Siegerländer Bergbaus wird umfänglich beschrieben.

Hier können Kinder, Jugendliche und Erwachsene nachempfinden, wie schwer der Erzabbau war. Trotz harter Arbeit waren die bis zu ca. 15.000 Bergleute, die zu Hochzeiten hier Lohn und Brot fanden, recht zufrieden. Denn der Abbau von Eisen, Silber, Blei, Kupfer und Zinn, in der Region um den Hohenseelbachskopf, sicherte ihr Einkommen. Ihr Gruß „Glück auf" begrüßt die Besucher am Eingang des ehemaligen Schulgebäudes, in dem das Museum untergrbracht ist.

Unterhalb des Eingangsbereichs ist das Schaubergwerk eingerichtet. Hier wird die Arbeitswelt der Bergleute vorgestellt und in der Außenanlage sind ein Fördergerüst sowie einige Großgeräte der Charlottenhütte ausgestellt. Besonders für Schüler ist dies ein interessantes Museum, denn hier werden originalgetreue Hämmer, Bohrer, Schaufeln, Hacken, Froschlampen, Kipploren usw. gezeigt. Anfassen ist erlaubt!

Außerdem finden jährlich wechselnde Sonderausstellungen statt. So beispielsweise zum Werk des größten Sohns Sassenroths: **August Sander**. Der Fotograf gilt als einer der wichtigsten Fotografen des 20. Jhs. Mit dem Bildband „Menschen des 20. Jahrhunderts" inspiriert Sander bis heute Filmemacher, Modeschöpfer und Autoren.

# Neuwied

Nach ihrer Reise durch den Westerwald erreicht die Wied den Rhein und gibt der Mündungsstadt den Namen Neuwied. Sie ist Kreisstadt und Verwaltungssitz des Landkreises Neuwied mit vielen Orten aus dem Westerwald. Wie der Name schon andeutet, ist die Stadt nicht alt. Sie wurde 1653 von Graf Friedrich III. von Wied gegründet, weil auch er am Rheinhandel teilnehmen wollte, um so die großen Verluste des Dreißigjährigen Krieges in seiner Grafschaft auszugleichen. Zur schnellen Besiedlung öffnete er die Grenzen für Religionsflüchtlinge, so dass sich bald eine lebhafte Gewerbe- und Industrietätigkeit entwickelte. Das 1738 von Graf Johann Friedrich Alexander gegründete Eisenwerk Rasselstein, das die Eisenbahnschienen für die erste deutsche Eisenbahnstrecke Nürnberg-Fürth stellte, ist noch heute in Betrieb. Der Graf verlegte seine Residenz von Burg Altwied in die neue Stadt und begann 1706 mit dem Bau der Schlossanlage.

Schloss Engers

Raiffeisenbrücke mit Pegelturm

Ein Gang durch die Innenstadt lohnt sich: Viele Gebäude, wie das Schloss-Theater in einem Nebengebäude des Residenzschlosses, Kirchen, verschiedene Museen, vor allem das Roentgen-Museum, zeigen Leben und Arbeit der Bewohner sowie handwerkliche und künstlerische Arbeiten der Gründerzeit.

Früher bedrohte immer wieder Hochwasser die Innenstadt. Deshalb wurde von 1928 bis 1931 mit großem Aufwand ein Damm gebaut. Er reicht von der Wiedmündung bis zur Eisenbahnbrücke über den Rhein bei Engers. Im Stadtbereich ist er als stabile Steinmauer ausgebildet. An deren Nordende befinden sich das Deichmuseum sowie eine der drei Pumpstationen. Am anderen Ende der Mauer in Richtung Engers erhebt sich der weithin sichtbare Pegelturm. Die Deichmauer schützt die Stadt auch bei Hochwasser bis zu 9 m über NW (Normalwasserstand). Hier oben auf der Mauer befindet sich das Restaurant Deichkrone, das Gelegenheit zu einer besinnlichen Pause mit Blick auf die Stadt und den Rhein mit seiner 1935 errichteten Raiffeisenbrücke bietet.

Zur Verbesserung der Verkehrsverbindungen mit den eingemeindeten Orten wie Altwied, Block, Engers, Feldkirchen, Gladbach, Heimbach-Weis, Irlich, Niederbieber, Oberbieber, Rodenbach, Sengendorf und Torney wurden die Straßen ausgebaut, die nunmehr mit ihren Sehenswürdigkeiten leicht zu erreichen sind.

Das Schloss Engers wurde im 18. Jh. vom Erzbischof von Trier und Kurfürst Johann Philipp von Walderdorff erbaut. Es beherbergt die Landesstiftung Villa Musica und ist jährlicher Veranstaltungsort für klassische Konzerte. Hunger und Durst kann man im Restaurant „Schlosskeller" und auf dessen Rheinterrasse stillen. Alternativ bietet sich auf dem Schlossplatz die Schloss-Schenke von 1621 zur Einkehr an.

In der ehemaligen Prämonstratenser-Abtei Rommersdorf im Stadtteil Heimbach-Weis finden jährlich Kulturveranstaltungen wie Konzerte oder die Rommersdorfer Festspiele mit einem Kindertheater-Programm statt. Im Rahmen des 2003 von Boris Weber verfassten Stationen-Theaters zur Geschichte der Abtei schlüpft der begabte Schauspieler und Autor von Zeit zu Zeit in die helle Kutte eines Prämonstratenser-Mönches und versetzt den Besucher 900 Jahre zurück.

Die ehemalige Prämonstratenser-Abtei Rommersdorf wurde Anfang des 12. Jhs. gegründet. Infolge des Reichsdeputationshauptschlusses wurde das Kloster 1803 aufgehoben und dem Fürsten von Nassau-Usingen zugesprochen. Den Bemühungen des Förderkreises Rommersdorf e. V. ist es zu verdanken, dass die kunsthistorischen Bauwerke auf die Abtei Rommersdorf-Stiftung übertragen wurden. Das Areal besteht heute aus der Kirchenruine, dem romanisch-gotischen Kreuzgang mit Innenhof und Kräutergarten, dem Conventbau, dem Hospital sowie großen Teilen des französischen und englischen Gartens. Das heutige Restaurant Orangerie in einem Nebengebäude mit Terrasse bietet einen guten Ausblick über den französischen Garten, auf Neuwied und bei gutem Wetter auf die Eifel.

Die Kreisverwaltung unterstützt außerdem die Wiederanpflanzung von alten Obstsorten wie z. B. den Mautapfel und die Knappkirsche. Mitglieder des Fördervereins engagieren sich tatkräftig für die Streuobstwiesen. Bei Führungen kann man mehr über die frühere Bedeutung der Sortenzüchtung erfahren und zu besonderen Anlässen auch die daraus gewonnenen Produkte verkosten.

Chorfenster der ehemaligen Abteikirche

Abtei Rommersdorf

In der Nähe befindet sich der Zoo von Neuwied. Er ist umschlossen von den Wäldern des Westerwaldes. Mit vielen exotischen Tieren ist er vor allem mit Kindern einen Besuch wert.

Ein ganz besonderes Erlebnis ist das Archäologische Forschungszentrum und Museum für menschliche Verhaltensevolution MONREPOS. Nach dreijähriger Umbauphase wurde das Museum für die Archäologie des Eiszeitalters im Juli 2014 wiedereröffnet. Das Museum ist ein Ort der Spitzenforschung für Archäologen aus aller Welt. Die Dauerausstellung mit dem Titel „MenschlICHes VERSTEHEN" ist aufregend und anregend für jedes Alter.

# Städte und Orte kennenlernen

## Dillenburg

Schmucke Fachwerkhäuser prägen das Zentrum der Stadt und der Schlossberg mit Wilhelmsturm überragt alles. Er wurde 1875 zur Erinnerung an Wilhelm I. von Oranien, geboren 1533 in Dillenburg, errichtet, der sich später als Befreier und König der Niederlande einen Namen gemacht hat. Im Turm befindet sich das Oranien-Nassauische Museum, das über die regionale Geschichte Auskunft gibt. Vom Schloss (erbaut 1130) stehen nur noch Ruinen, wie etwa das alte Stockhaus. In der Villa Grün zeigt ein Museum wirtschaftsgeschichtliche Fakten früherer Zeiten. Unten am Hüttenplatz sieht man das Denkmal eines Gießers, Zeuge einer früheren Gießerei, die 1444 erstmals erwähnt wurde.
Sehenswert sind auch die Kasematten, also alte Verteidigungsanlagen. Wer sich für Pferde interessiert, der kann in der Orangerie das Hessische Landesgestüt mit dem Kutschenmuseum bewundern.

## Haiger

Die im Grünen gelegene Stadt ist eine der ältesten Städte im Hohen Westerwald. An dieser Stelle wurde schon um 800 n. Chr. eine Siedlung angelegt. Die Stadtkirche ist mit 500 Jahre alten Fresken im Chorraum ausgestattet. Eine Orgel aus der Barockzeit verzaubert noch immer mit ihrem Klang. Das Leinenmuseum zeigt, wie aufwändig und arbeitsintensiv die Herstellung von Leinen früher war.

In Haiger befindet sich auch die Wasserscheide. Auf der nördlichen Seite fließen alle Bäche in die Sieg, während die auf der Südseite entspringenden Bäche in die Lahn münden.

## Herborn, Breitscheid und der Karstlehrpfad

Das reizvolle Fachwerkstädtchen an der Dill hat eine fürstliche Vergangenheit und gilt als „Nassauisches Rothenburg". Dieses zeichnet sich durch eine geschlossene historische Altstadt mit vielen Baudenkmalen aus acht Jahrhunderten aus. In der Altstadt befinden sich Kirche und Rathaus von 1589 sowie ein Museum im historischen Haus der „Hohen Schule" (Ursprungsbau als Altes Rathaus, 1324 Ersterwähnung), der 1584 von Graf Johannes VI. von Nassau-Dillenburg gegründeten Academia Nassauensis. Das Schloss Herborn wurde Ende des 12. Jhs. als Burganlage errichtet und war mit der Herborner Stadtmauer verbunden. 1251 wurde sie erneuert und Anfang des 14. Jhs. schlossartig umgebaut. Sie wurde 1307/12 erstmals urkundlich erwähnt. Zunächst war die „Hohe Schule" im Schloss untergebracht, bevor sie ins alte Rathaus in der Altstadt verlegt wurde. Heute ist das Schloss Herborn Sitz des Theologischen Seminars

Schloss Herborn

der Evangelischen Kirche in Hessen und Nassau, einer direkten Nachfolgeeinrichtung der „Hohen Schule". 2016 wird in Herborn wieder das älteste Landesfest Deutschlands – der Hessentag – gefeiert.

Von Herborn im Osten bis zum Rhein im Westen verläuft der Westerwald-Steig, ein Premium-Wanderweg.

Im Herborner Stadtteil **Uckersdorf** können im Vogel- und Naturschutztierpark über 100 einheimische und exotische Tiere besichtigt werden. Über den Vogelparkverein als Ortsgruppe des NABU wie auch über weitere Naturschutzorganisationen wie der Deutschen Tierparkgesellschaft und dem NABU Hessen engagiert sich der Tierpark auch verstärkt im sog. „in situ"-Naturschutz, indem er sich – für die Frösche ebenso wie für die Störche – für den Erhalt und die Pflege von Feuchtgebieten in der Umgebung des Parks einsetzt.

Im Stadtteil **Burg** befindet sich das Heimat- und Industriemuseum mit einer Sammlung von Herden und Öfen der Firma Juno. Bei Interesse an einer Besichtigung wird um vorherige Anmeldung gebeten.

Das Museum „Zeitsprünge" im Ort **Breitscheid- Erdbach** gibt Einblick in die Vorzeit des Westerwaldes. Es präsentiert Fundstücke, die in der Großen und Kleinen Steinkammer entdeckt wurden. Uns haben besonders der „Erdbacher Wendelhalsring" und die Grabbeigaben der späten Hallstattzeit (um 550 v. Chr.), fasziniert.

Die Tropfsteinhöhlen können seit einigen Jahren besichtigt werden. Das Höhlensystem hat eine Länge von mehreren Kilometern und ist als erste Schauhöhle Eu-

Erdbacher Wendelhalsring

Der Karstlehrpfad bei **Erdbach** im hessischen Westerwald bietet die Möglichkeit, kleine Spaziergänge oder auch größere Wanderungen zu unternehmen. Hier hat man die Gelegenheit, auf engstem Raum die geologischen Grundzüge der Erdgeschichte, die frühe Besiedelung durch den Menschen und eine reichhaltige Flora und Fauna kennenzulernen. Nur wenige hundert Meter trennen auffällige Formationen aus verschiedenen Erdzeitaltern mit oft mehreren 100 Millionen Jahren Altersunterschied. In Erdbach sind so u. a. die Überreste eines Korallenriffs von vor etwa 400 Millionen Jahren zu sehen.

ropas mit LED-Beleuchtung ausgestattet. Diese kreiert nicht nur eine besondere Atmosphäre, sondern bewirkt durch die geringere Wärme-Emission, dass die Tropfsteine frei von Bewuchs bleiben. Teile der Höhle waren in der Steinzeit bewohnt, zum Teil wurden sie auch als steinzeitliche Begräbnisstätte genutzt.

Im sehenswerten Töpfermuseum **Breitscheid** kann man über 260 Jahre Töpfergeschichte erleben. Die aktiven Mitglieder des Vereins Zeitsprünge haben sich für das „lebendige Museum" viel einfallen lassen: Sie bieten Kurse für Kinder und Erwachsene, angefangen vom Drehen, Modellieren und Glasieren bis hin zur Malerei, an.

Der Karstlehrpfad führt auf festen Wegen durch das Schutzgebiet. Wir empfehlen die kleine Runde (ca. 4 km) mit Steinbruch, Stollen, Karstquelle und Blick in den Schluchtwald. Für den Wanderer, der sämtliche Stationen ablaufen möchte, addiert sich der Weg auf ca. 10 km. Der Karstlehrpfad zeigt beispielhaft den Formenschatz von Höhlen, Dolinen, Trockentälern, Karstquellen und -schwinden sowie deren Entstehung auf.

Tropfsteinhöhle Erdbach

Karstlehrpfad bei Erdbach

## Limburg und weitere Orte an der Lahn

Schon von weitem sieht man den alles überragenden spätromanischen Dom St. Georg. Zunächst im Jahr 910 unter dem Namen Lintpurc erwähnt, führt man den Namen auf den Linterer Bach zurück, da *linda* das gallische Wort für Wasser ist. Die alte Handelsstraße, die von Köln nach Frankfurt verlief, passierte eine Furt durch die Lahn. Hier entwickelte sich etwa um 760 eine Befestigung auf dem Domberg. Später führte zur leichteren Überquerung des Flusses eine Holzbrücke über die Lahn; wodurch eine gute Einnahmequelle entstand. Im Mittelalter haben die Einwohner der Limburger Altstadt im Haus Kleine Rütsche 4, an der engsten Stelle des Handelsweges, die Vorbeikommenden mit Essen versorgt. Häufig hielten die Fuhrleute der mit Säcken beladenen Wagen an, um sich zu stärken und eventuell auch die Wagenlast neu zu richten. Aus dieser Zeit stammt der „Limburger Säcker": Ein mit Senf gewürztes und paniertes Kotelett, das mit Sauerkraut, kleingeschnittenem Bauchspeck (Dörrfleisch) und Essiggurke befüllt wird. Dazu gab es Brot oder heute Bratkartoffeln.

Durch den Bau der ICE Schnellfahrstrecke Köln–Frankfurt ist Limburg heute noch schneller mit der Welt verbunden.
Bei Baumaßnahmen 2012 entdeckte man Scherben von Krügen und Töpfen aus der Zeit um ca. 5000 v. Chr., die zu den ältesten Besiedlungsspuren in dieser Gegend zählen.
Bekannt ist auch der älteste Sportverein, der Limburger Ruderclub für Wassersport, der heute sogar Trainingsstützpunkt des Deutschen Ruderverbandes ist.

## Diez

Die ehemalige Residenzstadt Diez ist auf jeden Fall einen Besuch wert. Hier befindet sich eines der Stammschlösser des Niederländischen Königshauses. Fürstin Albertine Agnes von Oranien-Nassau errichtete auf den Ruinen des Benediktinerklosters „Dierstein" Schloss Oranienstein. Ihre Nichte Henriette Amalie von Nassau-Diez gestaltete es 1696 zu einem Barockschloss um. 1867, nach dem Deutschen Krieg, bei dem Nassau sich auf der Seite des Verlierers Österreich wiederfand, richtete Preußen in Oranienstein eine Kadettenschule ein. Im Zuge dessen wurde das Schloss um Kasernenbauten erweitert. Während der NS-Zeit als Nationalpolitische Lehranstalt (Napola) genutzt, wurden die Schlossbauten nach dem Zweiten Weltkrieg und nach Abzug der französischen Besatzungsmacht durch das Bundesverteidigungsministerium umfassend restauriert. Die feierliche Übergabe an die Bundesverwaltung und die gleichzeitige Eröffnung des „Oranien-Nassau-Museums" fand im Mai 1962 statt.

Im Museum kann man mehr über das Adelsgeschlecht der Oranier und ihre Geschichte, die bis zum heutigen niederländischen Königshaus führt, erfahren. Auch die Vor- und Frühgeschichte der Region sowie die Diezer Stadtgeschichte wird in der Ausstellung gewürdigt.

Heute ist im Schloss das Kommando Regional Sanitätsdienstliche Unterstützung (Kdo RegSanUstg) der Bundeswehr untergebracht. Von Diez aus wird die gesamte präklinische Inlandsversorgung koordiniert und sämtliche Bedürfnisse der Heilfürsorge der Bundeswehr werden von hier aus geregelt – von der Kur bis zur Vertragsarzt-Gestellung.

Badesee – ehemaliger Kalksteinbruch

Wer dann an schönen Sommertagen eine Abkühlung braucht, kann sich bei einem Bad im See eines ehemaligen Kalksteinbruchs erfrischen. Auch professionelles Tauchtraining ist dort möglich. Landschaftlich beeindruckend sind die 10–12 m hohen, schroff abfallenden Felsformationen, die den strahlend türkisblauen See am Stadtrand von Diez umgeben. Der See ist 2,4 ha groß und bis zu 18 m tief; Duschen und eine große Liegewiese sowie ein Imbiss-Angebot auf der Sonnenterrasse mit Seeblick runden das Bild ab.

Schon immer sind wir gern auf der Lahn unterwegs gewesen. Schnell sind die Formalitäten am Bootsverleih erledigt. Für ein langes Wochenende wollen wir mit dem Boot von **Diez** nach **Nassau** paddeln. Die historische

Stadt liegt an der deutsch-niederländischen Ferienstraße, der Oranier-Route. In **Laurenburg** übernachten wir. Es ist ein einmaliges Erlebnis, vor allem, wenn man sich genügend Zeit lässt.

Schon von weitem sieht man **Nassau** mit den beiden Stadttürmen und dem Adelsheimer Hof. Hier in Nassau befindet sich die Stammburg der Grafen und Herzöge von Nassau. Es ist der Geburtsort des Reichsfreiherrn Karl vom und zum Stein.

Seit dem 13. Jh. wird an der Lahn Wein angebaut, da das Klima ideal ist. Allerdings verringerte sich im Laufe der Jahrhunderte der Anbau durch Witterungseinflüsse und andere Widrigkeiten beträchtlich. Auf Grund des Weingesetzes von 1971 zählt dieses kleine Anbaugebiet zum Mittelrhein. Die beiden verbliebenen Weinorte sind **Obernhof** an der Lahn und **Weinähr** im Gelbachtal mit gutem Schieferboden. Die bekanntesten Weinlagen sind der „Obernhofer Goetheberg" und „Weinährer Giebelhöll". Übrig geblieben sind wenige Winzer, und so gilt der Lahnwein als Rarität. Uns ist es nur unter Schwierigkeit gelungen, einige Flaschen mit nach Hause zu nehmen. Probieren können Sie den Wein aber in den heimeligen Straußwirtschaften, Weinstuben oder Restaurants. Seit 1986 wird sogar der süffige Spätburgunder wieder angebaut.

Freunde des Radsports können den Hessischen Radfernweg mit Start in **Staffel** zur nächsten Stadt an der Lahn nach **Runkel** nehmen. Die Strecke zwischen **Diez** und **Lahnstein** mit den gut ausgebauten Radwegen ist eine der schönsten überhaupt. Liebliche Orte mit schmucken Fachwerkhäusern und schönen Hängen begleiten ihren Weg. Hungrige Wanderer oder Radfahrer sind überall willkommen.

Burg Runkel an der Lahn

## Bad Ems

Auf beiden Seiten der Lahn, die die natürliche Grenze zwischen Taunus und Westerwald bildet, liegt Bad Ems. Zur Zeit der Römer waren hier Truppen stationiert. Wer aufmerksam die Gegend durchwandert, findet noch heute Spuren des Limes, der bei Bad Ems die Lahn querte. Der Wachtturm auf dem Wintersberg ist eine der ältesten Rekonstruktionen, errichtet zu Ehren von Kaiser Wilhelm I.

Ab dem 12. Jh. war der Bergbau für die Bewohner eine Lebensgrundlage. Bad Ems ist ein staatlich anerkanntes Heilbad. Besonders berühmt war der Ort im 19. Jh., als Kaiser, Könige, Zaren, Musiker und Künstler hier weilten, um all die Annehmlichkeiten der heilenden Quellwasser zu genießen.

Auch heute ist Bad Ems ein Anziehungspunkt. Ein besonderes Erlebnis sind Bootstouren sowie Fahrrad- und Wandertouren. Gut zu erreichen sind auch die Ruinen der Sporkenburg. Dort auf der Höhe liegt auch die bekannte **Golfclubanlage Denzer Heide** mit einem 18-Loch-Platz. Wer Lust hat auf eine Klettertour, kann von der Schmittenhöhe herunter durch die Rupperts-klamm nach **Lahnstein** wandern; gutes Schuhwerk und Kondition sind Voraussetzung.

## Hadamar und Umgebung

Die Stadt liegt im Süden des Westerwalds an der Deutschen Fachwerkstraße am Elbbach. Dieser entspringt im Hohen Westerwald und mündet in der Nähe von Limburg in die Lahn. Der Name Hadamar ist ein alter Name für eine Siedlung. Schriftlich taucht er erstmals 837 in einer fränkischen Tauschurkunde auf. Das Zisterzienserkloster Eberbach aus dem Rheingau hatte 1190 ein Hofgut an der Stelle errichtet, wo heute das Schloss steht. Graf Emich I. von Nassau kaufte das Gut 1320 und machte daraus eine Wasserburg. Wenige Jahre später erhielt Hadamar die Stadtrechte und wurde Residenzstadt der Grafen von Nassau. Im 17. Jh. wurde von Graf Johann Ludwig von Nassau anstelle der Wasserburg ein großes Renaissanceschloss errichtet. Der Graf veranlasste auch den Ausbau der Neustadt mit rechtwinkligen Straßenzügen und großen Marktplätzen. Damit möglichst viele Hadamarer humanistische Bildung genießen konnten, gründete er das Gymnasium, das noch heute seinen Namen trägt (Fürst-Johann-Ludwig-Schule).

Bei einem Rundgang kann man sich ein Bild von Vergangenheit und Gegenwart machen. Das Schloss mit evangelischer Kirche liegt schön am Elbbachufer. Im

Teile des Wandfries'
„Per aspera ad astra"

Fürstensaal finden regelmäßig Veranstaltungen und Konzerte statt. Angeschlossen sind ehemalige Wirtschaftsgebäude und der Marstall, heute das Stadtmuseum, das als Dauerausstellung die Werke von bedeutenden Künstlern zeigt. Eindrucksvoll sind die Arbeiten von Ernst Moritz Engert in Silhouetten-Darstellungen. Die Bilder des vielseitig begabten Malers Alois Koch, geboren im Stadtteil Oberweyer, sind in der Eingangshalle zu bewundern. Von einem weiteren Künstler aus Hadamar, **Carl-Wilhelm**

Schloss Hadamar

**Diefenbach** (1851–1913), ist im Obergeschoss des Museums neben Wechselausstellungen ein im Jugendstil geschaffenes Silhouetten-Kunstwerk „Per aspera ad astra" – auf rauer Bahn hinauf zu den Sternen – zu sehen. Ein 68 m langer Wandfries beeindruckt jeden Betrachter. Der Brunnen auf dem Schlossplatz erinnert an die Heimatvertriebenen aus Böhmen, die in den Nachkriegsjahren die Glasveredelung in technischer und künstlerischer Gestaltung nach Hadamar gebracht haben. So wurde im Stadtteil Niederhadamar die Erwin-Stein-Glasfachschule errichtet. Hier werden Glashandwerker, Glasmaler und Glasgraveure ausgebildet. Ende 2014 wurde in den ehemaligen Privaträumen der Fürstenfamilie ein Glasmuseum eröffnet. Sowohl Teile der Sammlung der Glasfachschule als auch private Leihgaben sind dort zu bewundern.

Am Schloss vorbei führt vom Melanderplatz die Brückengasse zur Nepomukbrücke über den Elbbach weiter nach Hundsangen. Die Brücke existierte schon im Mittelalter als Teil eines West-Ost-Handelsweges. Zuvor befand sich an dieser Stelle eine alte Furt. Weil das altgermanische Hadamar auf *hader* und *mar* (für Wasser) verweist, könnte die Stadt der Kombination beider Wortteile ihren Namen verdanken. Möglich, dass der von dem Künstler Martin Volk 1740 geschaffene Brückenheilige seither für Frieden sorgt.

Von der Brücke hat man einen schönen Ausblick auf das rechte Ufer, den Mönchberg mit ehemaligem Franziskanerkloster, die Ägidienkirche sowie etwas weiter auf die Liebfrauenkirche. In der Nähe erinnert eine Gedenkstätte an die Opfer des Zweiten Weltkrieges.

Rathaus Hadamar

Vom Melanderplatz geht es am Ufer entlang zum Stadtteil Oberzeuzheim. In der Parallelstraße, der Borngasse, stehen viele historische Fachwerkhäuser. Das Haus Nr. 7 – „Ohlenschläger" – von 1694 schmückt ein bemerkenswertes Portal mit einem hohen Erker. Etwas weiter entfernt steht ein Fachwerkhaus mit dunklem Portal. Es wurde nach dem Dreißigjährigen Krieg als Wohnhaus für die fürstlichen Beamtenfamilien erbaut. Heute gehört es zum Hotel „Nassau-Oranien" mit den Restaurants „Grand Mère" und „Gud Stubb".

Über die Schulstraße ist es nicht weit zum historischen Rathaus auf dem Untermarkt. Dieses besonders schöne Fachwerkhaus wurde 1639 erbaut. Auf dem reich verzierten Portal stehen die Worte „Friede dem Eintretenden – ein Gruß dem Scheidenden". Das Dach ziert ein

kleines Glockentürmchen mit Uhr. Auf der linken Seite des Rathauses stehen weitere Fachwerkhäuser, unter denen das Duchscherer-Haus hervorzuheben ist.

Am Untermarkt lädt dann das Rathaus-Café zur Einkehr ein. Hinter dem Rathaus führt die Nonnengasse an der Synagoge vorbei zum Neumarkt mit dem Brunnen, der früher die Anwohner mit Wasser aus dem höher gelegenen Quellgebiet versorgte. In Verlängerung der Nonnengasse leitet der Herzenbergweg den Besucher zur Wallfahrtskapelle von 1675 auf dem Herzberg. Von hier oben hat man einen schönen Blick auf die Stadt und im Vordergrund auf einen duftenden Rosengarten.
Zurück über den Untermarkt gelangt man vorbei an der barocken Stadtpfarrkirche St. Johannes Nepomuk aus dem 18. Jh. zur Limburger Pforte, auch Hammelsburg genannt, die gleichzeitig Bestandteil der alten Stadtmauer ist. Das große Fachwerkhaus wurde vormals als Wohnheim für Schüler des Jesuitengymnasiums erbaut.

Wer sich für Fisch begeistert, wandert Richtung **Niederzeuzheim** zum Mühlenhof. Die naturnah und extensiv in biologisch intakten Gewässern aufgezogenen Fische der **Land- und Teichwirtschaft Stähler** sind eine Delikatesse. Die Teiche werden vom Wasser des Elbbachs gespeist. Hessens größte Fischzucht ist auf dem 300 Jahre alten Hofgelände der Stählers bei Hadamar im Westerwald beheimatet. Hier können nicht nur Fachleute, die Besatzfische benötigen, sondern auch Privatpersonen Speisefische kaufen. Vom Aal bis zum Zander und sogar Störe kann man als Lebendfische erwerben. Viele Besatzfische wachsen dann auf der Westerwälder Seenplatte und in den Teichanlagen in Niederzeuzheim auf. Auch Angelvereine sind herzlich willkommen.

Niederzeuzheim - Land- und Teichwirtschaft Stähler

Schloss Westerburg

## Westerburg

Das Schloss Westerburg auf dem Felsen sowie die hohe Eisenbahnbrücke prägen die Stadt. Dieser Ort war im 9. Jh. Sitz eines Reichsvogts. Im 11. Jh. regierten hier die Herren von Runkel-Westerburg, die nur dem Kaiser unterstanden. Ende des 13. Jhs. wurden die Stadtrechte erteilt. Das Schloss Westerburg wurde im 12. Jh. errichtet und im 15. sowie 18. Jh. weiter ausgebaut. Alte Burgmauern und -gräben sind noch heute sichtbar. Vom Restaurant aus bietet sich ein schöner Blick auf die Altstadt und Umgebung. Sehenswert ist auch das 1607 in der Altstadt errichtete Burgmannenhaus, das heute unter Denkmalschutz steht.

Das Eisenbahnmuseum am Bahnhof Westerburg erinnert an die frühere Bedeutung der Stadt als Eisenbahnknotenpunkt.

Westerburg verfügt zudem über eine Skipiste mit Lift, die in schneereichen Wintern Kinder und Erwachsene zum Rodeln und Skifahren einladen.

Eisenbahnbrücke in Westerburg

## Bad Marienberg

Auf einer Basalthöhe im Hohen Westerwald liegt Bad Marienberg. Als Siedlung wurde sie schon 1048 erwähnt. Der Name des Ortes tritt etwa 200 Jahre später als „Mons Sanctae Mariae" in Erscheinung. Bad Marienberg hat als Kurstadt eine lange Tradition. Im Zentrum nahe der Marienquelle befindet sich die Kneippkur-Anlage mit Apothekergarten nach Pfarrer Kneipp und dem

Barfußweg. Alles ist von einer Parkanlage umgeben. Regelmäßige Konzerte zählen zum Kulturprogramm.

Am anderen Ende der Bismarckstraße liegt das Marienbad mit Schwimmbad, Saunadorf, Day-Spa und Restaurant – alles zum Wohlfühlen und Entspannen. In der Nähe gibt der Basaltpark Auskunft über Vulkanausbrüche in der Tertiärzeit, also über die Entstehung der typisch sechseckigen Basaltsäulen. Einige Wanderwege rund um Bad Marienberg laden ein, weitere Sehenswürdigkeiten zu entdecken. So gelangt man zum Kleinen und Großen Wolfstein. Beide wurden schon vor 1950 Jahren als Grenzstein erwähnt. Sie entstanden aus einem Basalt-Lavastrom an der Marienberger Höhe. Im anliegenden Wald wurde ein Wildpark mit über 100 heimischen und exotischen Tierarten sowie eine Falknerei angelegt. Besonders für Kinder ist er ein Magnet: Ponyreiten, Kletterwald, Streichelzoo und vieles mehr werden dort angeboten.

Unweit bietet sich der Hedwigsturm zum Aufstieg an. Bei gutem Wetter hat er eine weite Rundumsicht. Ein anderer Pfad führt an der Schwarzen Nister entlang zum Bacher Lay, einem ehemaligen Basaltbruch, heute ein Naturschutzgebiet. Die Nister abwärts kommt man zur Hardter Mühle.

Im Winter stehen bei genügend Schnee ca. 15 km gespurte Loipen zur Verfügung.

Bad Marienberg

# Hachenburg

Schon früher war der schöne Westerwälder Ort ein Rastplatz für durchziehende Fremde, denn Hachenburg lag an der alten Handelsstraße von Köln nach Leipzig und Frankfurt am Main. Über Nacht konnten die Pferde von Kutschen und Lastwagen ausgespannt werden und sich von den Strapazen des Tages erholen. Für die Reisenden gab es Übernachtungsmöglichkeiten. Zur Sicherung der Handelswege wurde auf der Kuppe des hochaufragenden Berges eine Festung angelegt. Der Berg ist von massivem Dorngebüsch umgeben. Ab 1180 baute Graf Heinrich II. von Sayn auf Anraten von Kaiser Friedrich I. Barbarossa die Festung zu einer Burg aus und schützte zusätzlich die Innenstadt durch eine Befestigungsmauer. Das könnte auch den Namen der Stadt erklären, der die Stadtrechte 1314 erteilt wurden.

Nach einem Großbrand in der Innenstadt und der Burg im Jahr 1654 ließ Graf Georg Friedrich von Sayn-Hachenburg die Innenstadt wieder aufbauen; anstelle der Burg entstand ein Barockschloss. Damals wurden auch die Fachwerkhäuser der Stadt und das einstige historische Handelszentrum neu errichtet bzw. restauriert.

Sehenswert ist der alte Markt mit Brunnen und dem Sayn'schen goldenen Löwen, der zum Flanieren einlädt. Neben der katholischen Kirche Maria Himmelfahrt steht das Steinerne Haus von 1439. Es diente den Grafen von Sayn als Verwaltungssitz und Gästehaus. Heute ist es das Hotel „Zur Krone". Die Evangelische Schlosskirche St. Katharinen wurde auf den Grundmauern der alten Schlosskapelle von 1372 errichtet. Die Kirche ist durch einen geschlossenen Bogengang mit dem Schloss verbunden. Von den Stufen des Kirchenportals bietet sich unter der alten Linde, einem Naturdenkmal, ein wunderbarer Blick auf den historischen Alten Markt. Hier finden in den Sommermonaten häufig Open-Air-Konzerte statt. Der zweite Samstag im August gehört traditionell der Hachenburger Kirmes. Am ersten Wochenende im November ist es der Katharinenmarkt, der die Besucher anlockt. Im Dezember folgt der historische Weihnachtsmarkt, auf dem reichlich Glühwein und Bier ausgeschenkt werden.

Das alte Rathaus in der Perlgasse war in der zweiten Hälfte des 13. Jhs. der Vogthof. Im Löwensaal des restaurierten Gebäudes finden Festveranstaltungen, Ausstellungen und Konzerte statt. Freunde nahmen uns mit zu einem Orgelkonzert, seitdem sind wir mehrfach im Jahr Gäste in Hachenburg. Ein vielfältiges Veranstaltungsprogramm bieten der Kulturkreis Hachenburg, der Marienstatter Musikkreis sowie die kommunale „Hachenburger KulturZeit" an.

Außerdem sind im Rathaus das Tourismusbüro, das Stadtarchiv sowie ein Trauzimmer untergebracht. In der Nähe befindet sich in einem Fachwerkhaus die Stadtbücherei mit gepflegtem Lesegarten. Es überrascht deshalb nicht, dass Hachenburg nicht nur mit seinen historischen Bauten, sondern auch mit Kulturveranstaltungen Menschen von weit her anlockt. Die 700-Jahrfeier 2014 war noch einmal ein besonderer Anstoß.

Hinter dem Schloss, in dem heute die Fachhochschule der deutschen Bundesbank untergebracht ist, schließt sich der Burggarten als Stadtpark an. In einem Teil des Parks ist das hochinteressante Landschaftsmuseum Wes-

Schloss Hachenburg

terwald eingerichtet. Es zeigt das Leben und die Kultur der Wäller in ihren Original-Häusern aus früheren Zeiten. Diese wurden aus der Umgebung demontiert und im Museum einschließlich der Möbel und Gebrauchsgegenstände originalgetreu wieder aufgebaut. Ein einziges Klassenzimmer in der Schule erinnert daran, dass früher auf dem Dorf alle Jahrgänge in einem Raum unterrichtet wurden. Weiter zu besichtigen sind ein Backhaus, eine Ölmühle mit Müllerhaushalt, eine Scheune, ein Bauernhaus mit altem Dorfbrunnen sowie Bauerngärten für Kräuter, Gemüse und Blumen. Es wird gezeigt, wie Handwerker – Tischler, Schmiede, Töpfer und andere – arbeiteten, und dass das Dorf sich damit weitgehend unabhängig versorgte. Originale Grenzsteine und Grabkreuze sowie ein Steinkistengrab vom Ende der Jungsteinzeit, welches aus der Gegend von Hadamar stammt, runden das Gesamtbild ab.

Für Liebhaber von Wildgerichten möchten wir unbedingt das Forstamt Hachenburg mit zertifizierter Wildkammer empfehlen. Dort kann man heimische Wildarten wie Rehwild, Schwarzwild, Rotwild und Muffelwild erstehen. Das Wild wird auf Wunsch der Kunden abgezogen, entbeint und vakuumiert.

Alter Markt – Gute Stube in Hachenburg

Landschaftsmuseum Westerwald

## Zisterzienserkloster Marienstatt bei Hachenburg

Im Tal der Großen Nister wurde im 13. Jh. das Zisterzienserkloster Marienstatt gegründet, das sich zu einem Wallfahrtsort entwickelte. Das Kloster bietet eine Fülle von Sehenswürdigkeiten: die Klosterkirche, der liebevoll angelegte Kräutergarten, die Buchhandlung, die Bibliothek mit ca. 90.000 Bänden, eine Brauerei mit Biergarten und die schöne alte Nisterbrücke neben dem Wanderparkplatz. Wir besuchen die Klosterkirche und machen uns auf den etwa 5 km langen Rundwanderweg mit Naturlehrpfad, der zu jeder Jahreszeit reizvoll und auch für Kinder gut geeignet ist.

Nach der Rückkehr lädt uns die Klosterglocke zur Teilnahme am täglichen Vespergebet der Mönche in die Klosterkirche ein. Dort hört man lateinische Gesänge, die über 100 Jahre alt sind und die uns in eine andere Welt entführen. Anschließend lassen wir uns das lecker zubereitete Essen und ein kühles Bier aus der Klosterbrauerei munden. Das in Vergessenheit geratene Rezept wurde jüngst in der Klosterbibliothek wiederentdeckt. Das Marienstatter Klosterbräu ist ein dunkles, untergäriges und naturtrübes Landbier. Die tiefbraune Farbe rührt von der besonderen Malzmischung her. Die Hausbrauerei verzichtet auf jegliche Form der Klärung. Es ist ein hefetrübes Naturprodukt mit einem wunderbaren, vollen Geschmack und wertvollen Inhaltsstoffen. Neben dem „Marienstatter Dunklen" gibt es auch das „Helle", das „Schwarze" sowie die saisonalen Spezialbiere wie zum Beispiel das „Josephsbier", das „Weihnachtsbier" und natürlich das „Fastenbier". Die Brautradition besteht seit 1362; zu jener Zeit erhielten die Mönche täglich neben Wein auch Bier.

Zisterzienserkloster Marienstatt

## Dierdorf mit Steimel und dem Haus Neitzert

Ein historischer Ort liegt im Rhein-Westerwald am Holzbach, der hier schon eine lange Wegstrecke hinter sich hat. Auch Dierdorf kann auf über 650 Jahre zurückblicken. In einer Urkunde von 1204 wird Dyr-dorph als Besitz der Herren von Braunsberg und Isenburg erwähnt. Bei einem Rundgang durch den inneren Stadtkern kann man noch einige historische Gebäude bewundern. Das große Schloss auf der Insel im Weiher steht allerdings nicht mehr; es wurde wegen Zerfalls 1902 gesprengt. Der Fürst zu Wied-Neuwied spendete die Steine zum Neubau der evangelischen Kirche. Die Fürstenfamilie war bereits 1824 nach Neuwied umgezogen. Vom Schlosspark und seinem großen Weiher aus empfiehlt sich die Besichtigung der Altstadt. Die katholische Kirche St. Clemens stammt aus dem Jahr 1805. Auf dem Platz der Vorgängerkirche, errichtet im 13. Jh., wurde sie bei einem Luftangriff im Zweiten Weltkrieg völlig zerstört und in der Nachkriegszeit wieder neu errichtet. Teile der Stadtbefestigung aus dem 14. Jh. sind noch zu sehen: So z. B. der Eulenturm, der früher nur für das Wachpersonal zugänglich war. Der ehemalige Wehrturm diente einige Jahre als Verließ.

Das Märkerhaus von 1603 wurde bei dem großen Feuer von 1872, als die komplette Innenstadt abbrannte, ebenfalls ein Opfer der Flammen. Ende des 20. Jhs. entstand an der Marktstraße, früher war es die Hintergasse, das neue Märkerhaus.

In der oberen Etage befinden sich der Märkersaal, ein Sitzungsraum und das Märkerarchiv. Über den Marktplatz erreicht man den Uhrturm aus der zweiten Hälfte des 14. Jhs.; er ist Teil der Stadtbefestigung. 1772 hat der bekannte Uhrmacher Christian Kinzing aus Neuwied die noch heute intakte Turmuhr geschaffen. Uhrturm und Uhr können zu bestimmten Zeiten besichtigt werden.

Außerdem stellen hier jedes Jahr internationale Künstler ihre Gemälde, Grafiken, Skulpturen und Fotos aus.

In unmittelbarer Nähe steht die evangelische Kirche. Sie musste Anfang des 20. Jhs. durch einen größeren Neubau aus Basaltsteinen ersetzt werden. Die alte katholische Kirche hatte an gleicher Stelle vormals 800 Jahre ihren Dienst getan. Ihr alter Turm steht noch heute. Durch die Obertorstraße gelangt man zur schönen Hanallee. Hier steht das sog. Kupferhaus der Fürstenfamilie zu Wied aus den 1930er-Jahren – leider ohne die frühere Kupferverkleidung; diese wurde im Zweiten Weltkrieg zweckentfremdet.

Am Ende der Hanallee, im ehemaligen Schlosspark, fällt ein kleines helles Gebäude im neugotischen Stil auf. Es handelt sich um das Mausoleum von Karl Ludwig zu Wied-Runkel. Zu beachten sind die Fenster- und Tordekorationen aus Gusseisen der Sayner Hütte.

Nach der Rheinland-Pfälzischen Gemeindeordnung von 1974 wurden die umliegenden Orte eingemeindet und sind nun Stadtteile von Dierdorf. Dies sind Giershofen, Brückrachdorf, Elgert und Wienau.

Eine Städte-Partnerschaft besteht seit 1995 mit der französischen Gemeinde Courtisols in der Nähe von Châlons-en-Champagne. Courtisols ist mit 7 km eines der längsten Dörfer Frankreichs. 1997 wurde ebenfalls die Partnerschaft mit der Kreisstadt Krotoszyn in Polen besiegelt. 2004 folgte eine weitere Partnerschaft mit

Perltreppenkette und Perltreppenohrstecker
mit Akojaperlen von Thomas Heinz

Fountain Hills in Arizona, USA. Dierdorf ist eine Wes-
terwaldstadt mit weltweiten Verbindungen.

Aber ehe wir weiterfahren, wollen wir unbedingt noch
nach **Steimel** in das **Haus Neitzert**. In der dort an-
sässigen **Bruchhäuser Stiftung** können wir sonntag-
nachmittags über 220 Zeichnungen und Aquarelle
des bekannten Malers **Karl Bruchhäuser** bewundern.
Außerdem lebt hier das **Künstlerpaar Tanja Corbach
und Thomas Heinz**. Eine freischaffende Künstlerin und
ein Gold- und Silberschmied freuen sich nach vorheriger
Anmeldung auf Atelierbesuche. Man kann sich die tech-
nisch ausgereiften Schmuckstücke und die Kunstwerke
zeigen und erläutern lassen.

# Waldbreitbach

Das Weihnachts- und Krippendorf Waldbreitbach hat die weltweit größte Naturwurzelkrippe. Diese wird in der Pfarrkirche „Maria Himmelfahrt" jedes Jahr wieder aufgebaut und führte sogar zu einem Eintrag ins Guinness-Buch der Rekorde 1998. Besuchen sollte man aber auch auf jeden Fall das internationale Krippen- und Bibelmuseum vom Krippenbaumeister Gustel Hertling. Jedes Jahr überrascht Waldbreitbach mit einer neuen Attraktion. Hoch über dem Ort leuchtet der Wanderweg „Stern von Bethlehem". Die fast 2 km lange Strecke ist mit mehreren tausend Glühbirnen und vielen Krippen geschmückt. Der „Kleine Krippenweg" führt am Wiedufer entlang und durch den hübschen Ort. Seit 2014 wird zusätzlich eine Freilandkrippe mit Naturwurzeln und großen Figuren außerhalb der Kirche präsentiert. Die Pfarrkirche und die Freilandkrippe findet man direkt gegenüber der Tourist-Information in der Neuwieder Straße.

Kirche – Mutterhaus der Waldbreitbacher Franziskanerinnen

Die neueste Attraktion ist eine schwimmende Krippe auf der Wied. Diese ist insgesamt 8 m breit und die Figuren bis zu 1,80 m hoch. Das Metallgestell schwimmt auf einem Floß aus Kunststoffrohren und die Figuren sind aus wasserfesten Kunststoffplatten mit Aluminiumkern geschnitten. Von wechselnden Farben wird diese einmalige Krippe bei Dunkelheit eindrucksvoll beleuchtet.

Der Christkindchenmarkt lockt mit duftendem Gebäck, leckeren Christstollen und köstlichem Weihnachtstee.

Weihnachts- und Krippendorf Waldbreitbach

## Linz und der Säulenbasalt am Hummelsberg

Linz, die „Bunte Stadt am Rhein", hat einen ganz besonderen Charme. Ganz in der Nähe befindet sich der Hummelsberg, ein erloschener Vulkan. Bevor wir dahin aufbrechen, gehen wir durch das alte Rheintor mit Zollhaus und gelangen auf den Burgplatz, der von malerischen Giebelhäusern und der Zoll- und Zwingburg von 1365 umrahmt wird. Die Besichtigung der Burg mit Burgverlies, Folterkammer und Rittersaal versetzt uns zurück ins „finstere" Mittelalter. Daneben befindet sich das Museum, das alte selbstspielende, mechanische Musikinstrumente beherbergt. Ihren Beinamen verdankt die Stadt den farbigen Fachwerkhäusern aus fünf Jahrhunderten. Zentrum der Altstadt ist der Rathausplatz mit der Mariensäule. Über der Stadt erheben sich die Ruinen der Burgen Ockenfels und Dattenberg.

Die wenigen Kilometer zum Hummelsberg sind schnell geschafft. Hier befand sich ein Ringwall, der auf die Zeit von 600 bis 400 v. Chr. datiert wird. Die Wehranlage, die zum Landkreis Neuwied gehört, hat viel an Höhe verloren, da der Basalt stark abgetragen wurde.

## Bad Hönningen

Waldbreitbach – Bad Hönningen ist die letzte Etappe des Westerwaldsteigs, der in Herborn (Lahn-Dill-Kreis) beginnt. Dieses Heilbad ist im Landkreis Neuwied gelegen und besitzt mit dem Hönninger Schlossberg den größten zusammenhängenden Weinberg am Mittelrhein. Funde aus der Römer- und der Frankenzeit belegen, dass hier bereits vor rund 1800 Jahren gesiedelt wurde.

Hier in Bad Hönningen beginnt auch der Deutsche Limes-Radweg, der in Regensburg an der Donau endet.

Hummelsberg Basalt-Säulen

# Wanderpfade, Schleifen und Steige

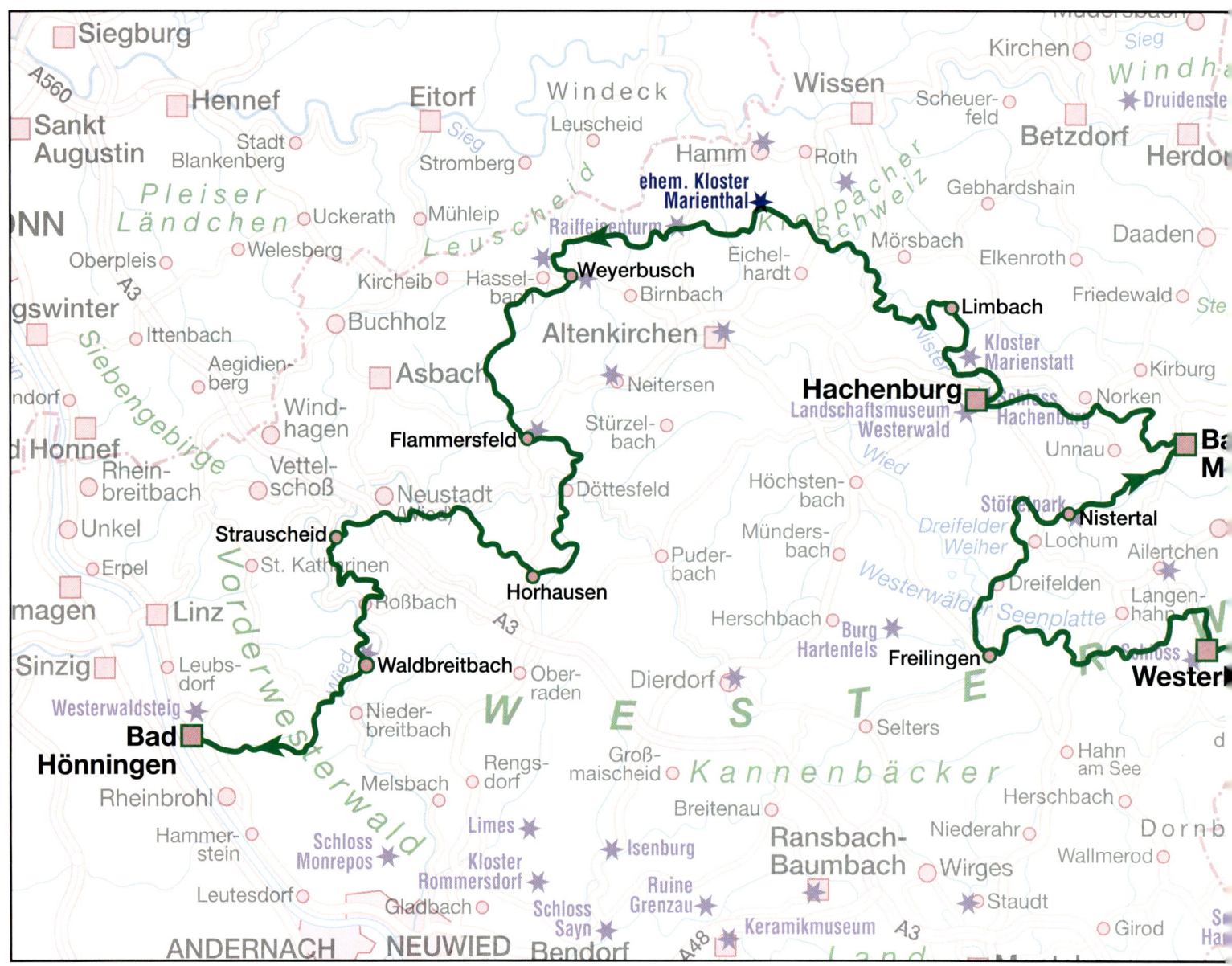

## Der Westerwald-Steig

Der Westerwald-Steig hat eine Länge von 235 km. Die folgenden 16 Abschnitte können jeweils eine Tagestour bedeuten; die Wege sind markiert mit einem grünem „W" auf weißem Grund. Die Zuwege haben ein grünes „W" auf gelbem Grund.

Herborn – Breitscheid 15 km
Breitscheid – Fuchskaute 11 km
Fuchskaute – Rennerod 11 km
Rennerod – Westerburg 19 km
Westerburg – Freilingen 20 km
Freilingen – Nistertal 18 km
Nistertal – Bad Marienberg 6 km
Bad Marienberg – Hachenburg 14 km
Hachenburg – Limbach 11 km
Limbach – Marienthal 20 km
Marienthal – Weyerbusch 15 km
Weyerbusch – Flammersfeld 14 km
Flammersfeld – Horhausen 15 km
Horhausen – Strauscheid 17 km
Strauscheid – Waldbreitbach 17 km
Waldbreitbach – Bad Hönningen 12 km

## „Hui! Wäller?" – „Allemol!"

Diese Begrüßung hat der Heimatdichter Adolf Weiss (1861–1938) aus Mademühlen geschrieben. In einem Wettbewerb hatte der Westerwaldverein 1913 nach einem Wahlspruch bzw. einem Erkennungsruf für den Westerwaldwanderer in einem Preisausschreiben gesucht. Unter mehr als 60 Einsendern wurde der Heimatdichter und Bauer Adolf Weiss als Gewinner ermittelt. In seinem Gedicht wird der Sinn des Ausrufs verdeutlicht: „Das „Hui" hat mich der Sturmwind gelehrt, wenn wild er über die Heide fährt, und „Wäller" wir ja „allemol" sind, wir trotzen dem Regen, dem Schnee und dem Wind ..."
Als Dank hat der Westerwaldverein dem Dichter ein Denkmal auf dem Knoten in der Nähe seines Wohnsitzes errichtet. Auch nach 100 Jahren ist der Erkennungsruf der Westerwälder noch üblich.

Der Westerwaldverein hat sich zur Aufgabe gemacht, seine Heimat mit ihren schönen Bergen, romantischen Tälern, Bachläufen, Wiesen und Seen zu einem Naturerlebnis zu machen. Dazu hat er Wanderwege und Steige mit Orientierungsschildern sowie vielen Schutzhütten errichtet. Der Verein betreut ein über 2300 km umfassendes Wanderwegenetz. Viele Ortsvereine unterhalten darüber hinaus ihre örtlichen Rundwanderwege und Schleifen.

## Die Greifensteinschleife

Sie beginnt in Herborn und führt über Merkenbach und Fleisbach nach Greifenstein. Auf der Burg besichtigen wir das Glockenmuseum „Glockenwelt Burg Greifenstein" mit etwa 50 Glocken aus 1000 Jahren deutscher Glockengeschichte. In Greifenstein steht eine der wenigen Doppelkirchen Deutschlands. Auf dem Weg zum nächsten Ort Rodenroth kommen wir an Holzhausen am Badesee Ulmbachtalsperre vorbei. Ein großzügig angelegter Campingplatz lädt zum längeren Verweilen ein. Dann geht es nach Nenderoth und im oberhalb gelegenen Bergwald zum Nenderother Wasserfall. Es ist der kleine Leybach, der hier über Felsen herabstürzt und im Winter bei ausreichendem Frost schöne Eisskulpturen schaffen soll.

Burg Greifenstein

Damwild

Über dem Ort Arborn liegt das Adolf Weiss-Denkmal, das dem Westerwälder Heimatdichter gewidmet ist.

Unser nächstes Ziel ist die **Krombachtalsperre**. Bevor wir dorthin aufbrechen, übernachten wir in **Rennerod** bei Freunden und lassen uns im **„Restaurant Röttger"** mit Gourmetstübchen und angeschlossenem Gasthaus-Biergarten „Zur Scheune" verwöhnen.

**Thomas Röttger**, erfahrener und mehrfach ausgezeichneter Koch und Bäckermeister, ist ein echter Westerwälder, der für jeden Geschmack etwas anzubieten hat und das zu einem fairen Preis. Aus seinem früheren Hobby ist eine stattliche Tierzucht entstanden: Damwild, Fische, Nandus. Seine Teiche sind mit Saiblingen, Karpfen, Welsen, Stören und Lachsforellen gut bestückt. Dadurch kann er sehr viele Produkte aus eigener Zucht verarbeiten. Da er Jäger ist, fehlt auch das Schwarzwild aus den nahen Wäldern nicht. Unterstützt wird er von seiner Frau Walburga, die als Hausherrin über allem wacht. Wir treffen Gäste aus nah und fern, da das Haus weit über die Grenzen des Westerwalds bekannt ist. Seit

fünf Generationen befindet sich der Betrieb in Familienbesitz.

Zufällig kommen wir mit einer französischen Familie ins Gespräch, die häufig auf Durchreisen hier zu Gast ist. Sie empfiehlt uns die regionaltypischen und hausgemachten Speisen sowie die sorgfältig zusammengestellte Weinkarte. Die Speisekarte ist jahreszeitlich orientiert. Auch unser Besuch wird nicht der letzte sein, zumal uns Thomas Röttger zum Füttern seines Damwilds mitnimmt und wir einige schöne Aufnahmen machen konnten.

Die **Krombachtalsperre** befindet sich in einem Landschaftsschutzgebiet; der kleinere, nördliche Teil ist Naturschutzgebiet. Die Talsperre im Westerwald wurde schon 1946 gebaut. Gestaut wird dort der Rehbach, ein Zufluss der Dill. Der kleine Bach „Krombach" ist jedoch der Namensgeber. Es gibt ein Feriendorf, einen Campingplatz und ein schönes Freibad.

Rathaus in Rehe

Weiter geht es über den Ort **Rehe** mit seinem Rathaus und einem mit Schnitzereien geschmückten Fachwerkhaus. In Rehe kehren wir im **Café „Windlück"** ein. Das 300 Jahre alte, unter Denkmalschutz stehende Fachwerkhaus – ein typisches Westerwälder Bauernhaus – liegt malerisch im Grünen. Die liebevoll restaurierten Räume sind urgemütlich. Die köstlichen Kuchen und Torten werden von Steffi Mück-Bahr selbst hergestellt. Bei sonnigem Wetter kann man im Garten sitzen.

Naturdenkmal Ketzerstein

Wir besuchen die **Fuchskaute** – Kaute gleich Höhle –, die höchste Erhebung des Westerwaldes, umgeben von einem Naturschutzgebiet auf der Basalthochebene. Hier oben herrscht ein raues Klima und die traditionelle Weidenutzung hat dazu geführt, dass die Artenvielfalt erhalten bleibt. Etwa 300 verschiedene Blütenpflanzen und Baumarten gibt es hier. Zahlreiche Vogelarten und seltene Schmetterlinge können mit etwas Glück entdeckt und beobachtet werden.

Im Juli sind die Wiesen übersät von Arnika-Pflanzen. Diese Blume, auch Kraftwurz, Bergwohlverleih oder Johannesblume genannt, gedeiht vorwiegend auf feuchtem Grund und wie hier bei kühleren Temperaturen. Da sie unter Naturschutz steht, sollte man sich nur an ihr erfreuen und sie auf keinen Fall pflücken. Auch im Winter lädt die Fuchskaute zu Spaziergängen ein.

Wir wählen einen Rundweg und dann geht´s auf der Südkuppe in das Gasthaus Fuchskaute. Im Restaurant können wir unter mehreren Gerichten wählen. An schönen Sommertagen bietet sich die Gelegenheit, auf der Terrasse bzw. im Garten Grillgerichte zu genießen.

Am nächsten Tag sind wir zum **Naturdenkmal Ketzerstein** unterwegs. Den gut ausgeschilderten Weg, der teilweise über den bekannten Rothaarsteig verläuft, finden wir schnell. Schon bald haben wir den Ketzerstein erreicht. Die Reste eines Lavastroms sind bei Weißenberg, einem Ortsteil von Liebenscheid, zu Basaltblöcken erstarrt. Gut, dass wir keinen Kompass benutzen müssen, denn durch die von den Steinen ausgehende magnetische Strahlung würde er uns sowieso nichts nutzen. Der gepflegte Rastplatz in der Nähe lädt zu einem Picknick ein. Die schöne Aussicht gibt´s gratis dazu!

Arnika

Kleiner Klappertopf

Veilchen

Knabenkraut

Eisvogel

Winterlicher Spaziergang – Fuchskaute

Druidenstein

Unser nächster Ausflug geht zur sagenumwobenen Basaltpyramide **Druidenstein** in **Herkersdorf**, einem Stadtteil von Kirchen an der Sieg. Er ist ca. 18 m hoch und entstand durch Vulkanismus im Tertiär. Es wird vermutet, dass der Druidenstein bereits von den Kelten und Germanen als religiöser Versammlungsort genutzt wurde. Schon 1869 wurde er unter Naturschutz gestellt. Sehr beeindruckend ist der von den Herkersdorfern errichtete Kreuzweg hinauf zum Druidenstein, der zum Teil mit wertvollen Erzstufen ausgeschmückt ist. Besonders beeindruckend ist die Prozession am Himmelfahrtstag.

## Durch die wilde Holzbachschlucht

Von Rennerod über Seck geht es zur Holzbachschlucht und zum **„Dappricher Hofgut"**. Letzteres wird bereits 1212 urkundlich erwähnt. Jakob Schneider, ein Vorfahre der heutigen Besitzer, hat es 1831 aus dem Besitz des Herzogs von Nassau erworben. Doch zunächst wollen wir in die Holzbachschlucht. Hier sollte man gut zu Fuß sein und dementsprechendes Schuhwerk tragen. Ein Rundwanderweg von weniger als einer Stunde durch die wildromantische Schlucht zeigt, wie sich im Laufe der Zeit der Holzbach durch das Basaltgebirge gefressen hat. Die teils urwaldartige Natur hat uns sehr beeindruckt.

Nach einer Kletterpartie konnten wir gerade noch zwei Plätze auf der Terrasse des **Dappricher Hofguts** erwischen. Traumhafte, nicht alltägliche Kuchen, die alle mit den besten Zutaten hergestellt werden, haben eventuelle Wanderstrapazen schnell vergessen lassen.

## Die Westerwälder Seenplatte

Unsere nächste Etappe am darauffolgenden Wochenende führt uns von Gemünden über Westerburg nach Freilingen zur **Westerwälder Seenplatte**. Am Postweiher gibt es einen schönen Campingplatz mit Bootsverleih zum Paddeln oder Tretbootfahren. Wer Lust hat, kann hier auch schwimmen, denn das Wasser hat eine gute Qualität.

Vom Postweiher kann man eine kleine Tour über Steinen zur Burgruine Hartenfels unternehmen. Die malerische

Holzbachschlucht

Dreifelder Weiher

Ruine aus dem Jahr 1249 befindet sich auf einem Basaltkegel und überragt das Dorf Hartenfels. Im Volksmund ist die Burgruine auch unter dem Namen „Harbelser Schmanddeppen" oder „Schmanddippe" bekannt. Der kleine Ort Hartenfels befand sich damals an der Hohen Straße, die im Mittelalter einen bedeutenden Handelsweg zwischen Frankfurt und Köln darstellte. Im Jahr 1594 wurde die Burg durch die Truppen von Graf Wilhelm von Nassau endgültig zerstört.

Von **Freilingen** führt der Westerwaldsteig zum Dreifelder Weiher nach **Dreifelden**. Mönche haben schon im 12. Jh. kleine Fischteiche angelegt. Die großen Fischweiher aus dem 17. Jh. gehen auf Graf Friedrich III. zu Wied zurück. In Dreifelden stehen die älteste Steinkirche der Region und die mächtige Friedenseiche. An der Westerwälder Seenplatte gibt es einen Rundwanderweg, für den man sich aber genügend Zeit lassen sollte. Egal in welcher Jahreszeit man ihn abläuft, er wird immer ein Erlebnis der besonderen Art sein. Wir wandern weiter zum nächsten Ort, nach Linden, wo nördlich der Ortsgemeinde die Wied entspringt, der größte Fluss des Westerwalds.

Golfer können in Dreifelden auf dem schönen Turnier-Golf-Platz ihre Runden spielen. Der „Golfclub Westerwald" ist sehr beliebt, hervorzuheben ist die Förderung von Jugendlichen aus der Region.

## Rund um den Wiesensee

Der Wiesensee ist ein aufgestauter, also künstlich angelegter See. Ursprünglich für die Fischereinutzung und den Fremdenverkehr angelegt, gibt es jetzt Bemühungen, die zunehmende Verlandung des Gewässers aufzuhalten. Die umliegenden Orte sind Stahlhofen, Pottum und Winnen.

Nicht nur an schönen Tagen zieht es die Besucher dorthin, denn man hat viele Möglichkeiten, seine Freizeit dort zu verbringen. Der Campingplatz in der Nähe von Stahlhofen ist sehr beliebt. Pottum besitzt ein Naturfreibad mit schöner Liegewiese, außerdem einen Segelboothafen und eine Promenade zum Spazierengehen. Ein über 6 km langer Rundweg, immer mit Blick auf den See, ist unser Lieblingsspazierweg. Wer Lust auf eine Floßfahrt hat, ist hier genau richtig.

Am südlichen Ufer auf der Winner Seeseite eröffnete 1993 ein 18-Loch-Golfplatz. Das Lindner Hotel & Sporting Club lädt ein, dort ein paar Tage zu verbringen. Der Segelclub „Wällerwind" Pottum richtet jährlich Regatten aus. Im Winter bei eisigen Temperaturen ist Schlittschuhlaufen angesagt.

**„Kräuterwind Genussreich Westerwald"** in Stahlhofen wurde als identitätsstiftendes Regionalprojekt 2009 gegründet. Gastronomen, Manufakturen und Brennereien sind Mitglieder dieses Netzwerks. Mit „Kräuterwind" können Sie Gärten erkunden, Genussreisen unternehmen, die Kräuterwind Akademie mit zahlreichen Aus- und Weiterbildungsmöglichkeiten besuchen oder ausgesuchte Produkte der teilnehmenden Betriebe erwerben.

Mit vielen Erzeugnissen der Betriebe können Sie auch unsere leckeren Westerwälder Gerichte ab Seite 106 – ohne großen Aufwand – selbst zubereiten.

Das **Eisenerzbergwerk „Grube Georg"** in der Gemeinde Willroth, in der Nähe der Autobahn A 3, ist heute ein Industriedenkmal. Erstmals wurde das Bergwerk im 14. Jh. erwähnt. Zunächst waren es Eigenlöhner; später, als die Grube unter die Herrschaft Nassau-Weilburg gelangte, wurde der Abbau organisiert.

Alfred Krupp, der die Grube im 19. Jh. erwarb, setzte eine Dampfmaschine zur Förderung ein. Ende des 19. Jhs. diente eine Drahtseilbahn zum weiteren Transport der Erze und verband diese mit den Gruben Louise und Girmscheid. Später übernahm die „Sieg-Lahn-Bergbaugesellschaft" die Grube. Nach zeitweiser Einstellung der Förderung wurde sie 1946 wieder in Betrieb genommen und ein zweiter Schacht kam hinzu. Das Fördergerüst ist noch heute sichtbar. Nach vorheriger Anmeldung ist eine Besteigung und Besichtigung möglich.

Stöffelpark

Tertiär- und Industrie-Erlebnispark Stöffel

Zwischen Enspel, Stockum-Püschen und Nistertal befindet sich der **Tertiär- und Industrie-Erlebnispark Stöffel.** 25 Millionen Jahre Erdgeschichte und die Geschichte des Basaltabbaus kann man hier verfolgen. Wer Lust hat, kann in diesem historischen Ambiente nach vorheriger Anmeldung feiern. In der historischen Werkstatt werden restaurierte Maschinen und Werkzeuge ausgestellt. Über 20.000 Fossilien wurden hier bereits gefunden. 1992 wurde ein besonderer Fund gemacht: die Stöffel- oder Enspelmaus (Eomys quercyi). Sie gehört zu einer Nagetiergruppe, die vor 25 Millionen Jahren in Nordamerika und Eurasien verbreitet war, und die nun auch im Westerwald nachzuweisen ist!

Birkenhof Brennerei

Für unseren nächsten Ausflug nehmen wir uns genügend Zeit und sind selbstverständlich nur zu Fuß unterwegs, denn wir wollen eine Brennerei besuchen. Es geht zur **Birkenhof-Brennerei** ins **Nistertal**. Seit 1848 gibt es die traditionsreiche Kornbrennerei und seit 1999 die preisgekrönte Obstdestillerie, seit 2002 mit Fading Hill auch eine Whisky-Brennerei.

Neue und ungewöhnliche Ideen waren es, die aus einer kleinen Kornbrennerei im Westerwald eine der Top-Destillerien Deutschlands werden ließen. Wegweisende Verfahren haben in der Fachwelt den Ruf einer innovativen Edelbrennerei gefestigt.

Steffi und Peter Klöckner lassen uns wissen, dass das Produkt immer im Mittelpunkt stehe. Die Messlatte liegt hoch für die traditionellen Westerwälder – sowohl für Spezialitäten im Tonkrug, für die Spitzendestillate aus der Obstbrennerei als auch für die raren Spezialitäten aus dem Whisky-Warehouse.

Für Genießer, Feinschmecker und Entdecker werden Besichtigungen mit Führung und Verkostung angeboten. Auch an einem Destillateur-Kurs kann man teilnehmen. Je nach Saison kann es eine Getreide- oder Obstmaische, die die Basis eines jeden Brandes bildet, sein. Gemeinsames Frühstück, auch Mittagessen, sind inklusive und zusätzlich erhält man ein Zertifikat.

Da uns die Verkostung und unseren Freunden natürlich das „Mitbringsel" gut gemundet hat, haben wir uns entschlossen, auch die älteste landwirtschaftliche Kornbrennerei des Westerwalds, die **Struthof-Brennerei** in **Unnau** zu besuchen, die seit 1766 dort ansässig ist. Die mineralische Erde lässt gutes Korn heranreifen, alte Obstsorten auf Streuobstwiesen sowie Wildgehölzfrüchte gedeihen ebenso wie Heil- und Gewürzpflanzen.

Der Hofname „Strut" bedeutet Eiche und Wasser. Vor Jahrhunderten stand auf dem Grund der Struthof-Brennerei ein Eichenwald, der wieder neu erstehen soll. Zur Aufforstung wurde die Traubeneiche gewählt. Im Jubiläumsjahr 2016 sollen 250 Eichen neu gepflanzt werden. Im Garten oder in der stimmungsvoll dekorierten Struthofkornstube präsentiert Marianne Lieber mit ihrem Team innovative und traditionelle Spirituosen, die aus den Schätzen der Natur geschaffen sind. Dazu lauschen wir den Geschichten rund um den Struthof, denen wir mit jeder verfließenden Stunde mehr Glauben schenken.

„Eichengeist"
Der Neue auf dem Struthof

Struthof Brennerei

Limbach

Steiner Mühle

## Limbach und Umgebung

Der hübsche Erholungsort Limbach liegt im Tal der Kleinen Nister. Wir haben uns vorgenommen, das Dorfmuseum in der alten Scheune zu besuchen, da wir von den über 1.000 Exponaten, die dort zusammengetragen worden sind, gehört hatten. Außerdem interessiert uns der Kräutermarkt, der alle zwei Jahre am dritten Sonntag im August stattfindet und ehrenamtlich von der Dorfgemeinschaft organisiert wird. Man hat uns nicht zu viel versprochen: Selbst wenig bekannte Kräuter konnten wir entdecken und mitnehmen.

Dann fällt unser Blick auf das Wahrzeichen von Limbach, die aus Bruchsteinen 1871 erbaute Steinbogenbrücke über die Kleine Nister.

Ein paar Schritte weiter steht die **Limbacher Mühle** mit leckeren Forellen aus eigener Zucht. Die Westerwälder Kartoffelsuppe mit Limbacher Mühlenwurst und Mühlenbrot sollte man unbedingt probieren.

Auf dem Aussichtspunkt Hohe Lay und dem nahegelegenen mittelalterlichen Dachschieferbergwerk Assberg beginnt die **Kroppacher Schweiz**. Hier wurde früher in 20 weiteren Gruben Schiefer abgebaut. Das Bergwerk kann besichtigt werden; das Untertagebergwerk hat übrigens die Form einer Kapelle, liegt etwa 20 m tief und ist über drei Treppen erreichbar. Mit dem Schiefer aus dem Bergwerk wurden nachweislich im Mittelalter die Dächer des Klosters Marienstatt und Schloss Hachenburg gedeckt. Bald fließen Große und Kleine Nister zusammen. Der Steig geht weiter an vielen Mühlen vorbei bis **Stein-Wingert**. Die alte **Steiner-Mühle** mit Stallungen und Scheune von 1744 war noch bis 1965 in Betrieb. Jetzt kann man in den liebevoll ausgestatteten

Nister

Räumen oder direkt im Garten an der Nister sitzen. Die Besitzer, das Ehepaar Adam, die sich 1993 in die verfallene Mühle verliebten, verwandelten sie in ein Schmuckstück. Sogar der alte Backes wurde wieder in Betrieb genommen. Die Steiner-Mühle ist ein Geheimtipp für Wanderer, Radfahrer und Reiter, aber auch Autofahrer sind willkommen. Wir sitzen im Garten, genießen eine Brotzeit, die Nister fließt an uns vorbei – Entspannung pur! Bevor wir zum „Ende der Welt" wandern, überque-

ren wir auf bereitgelegten Steinen erfolgreich die Nister. Hier in der Nähe in Wissen an der Sieg lebt der mehrfach ausgezeichnete Schriftsteller, Pianist und Professor, **Hanns-Josef Ortheil**, der als Gründungsdirektor des Hildesheimer „Instituts für Literarisches Schreiben und Literaturwissenschaft" einer der wenigen Universitätsprofessoren für „Kreatives Schreiben" in Deutschland ist. Seit vielen Jahren gehört er zu den bedeutendsten deutschen Autoren der Gegenwart. Seine Werke sind mit vielen Preisen ausgezeichnet worden, darunter mit dem Thomas-Mann-Preis der Hansestadt Lübeck, dem Georg K.-Glaser Preis des Landes Rheinland-Pfalz und des SWR sowie dem Koblenzer Literaturpreis und zuletzt dem Stefan-Andres-Preis. Seine Romane wurden in über zwanzig Sprachen übersetzt. Er ist Initiator der jährlich stattfindenden Westerwälder Literaturtage, die seit 2014 kreisübergreifend in Altenkirchen, Bad-Marienberg, Betzdorf, Hachenberg, Hamm, Herdorf, Montabaur, Rennerod, Westerburg und Wissen stattfinden.

Wissen im Westerwald ist die Heimat von Ortheils Eltern. Vater Josef verbachte seine Jugend auf dem Hahnhof an der Nister in der Nähe von Wissen im Landkreis Altenkirchen. In seinen autobiografischen Texten hat Hanns-Josef Ortheil seine Kindheit in Köln und die Reisen mit seinem Vater in die Westerwälder Heimat immer wieder thematisiert: „Ich gehe durch sie und höre die Sprachmusik der Worte. Das heißt, wenn ich durch die Landschaft gehe, dann entstehen die Menschen und entsteht ihre Sprache. Und wenn ich mit den Menschen spreche, so wie sie reden, entstehen ihre Erzählungen. Und ich bin das Medium, das alles zusammen hält."

## Nister mit Weltende

Wir wollen zum **„Ende der Welt"**, das zwischen Ahlhausen, einem Ortsteil von Stein-Wingert, und Helmeroth-Flögert liegt. Der Name rührt daher, dass es früher nur einen einzigen Weg hierhin gab. Die Schulkinder aus Aalhausen mussten nach Stein-Wingert in die Dorfschule. Der Weg führte über einen in Fels gehauenen Pfad.

Ein Drahtseil half, damit sie nicht abrutschten und in die Nister fielen. Heute ist es ein besonderer Naturwanderweg; allerdings sollte man sehr gut zu Fuß sein. Was wir unbedingt noch sehen wollen, sind die Reste einer keltischen Fliehburg oberhalb des Ortsteils Altburg.

Der Westerwaldsteig geht weiter durch die Kroppacher Schweiz zum Kloster Marienthal, dann weiter über die historische Alte Kohlstraße nach Birkenbeul zum Beulskopf. Auf der Alten Kohlstraße wurde früher mit Pferdefuhrwerken die im Westerwald erzeugte Holzkohle über Hamm ins Siegerland transportiert. Vom Beulskopf mit seinem 35 m hohen, hölzernen Raiffeisenturm genießt man einen herrlichen Blick über den Westerwald, speziell nach Altenkirchen, auf die Leuscheid, den Hohen Westerwald und bei gutem Wetter bis zum Siebengebirge oder östlich gewandt bis zum Köppel bei Montabaur.

## Hamm und die Raiffeisenstraße

**Friedrich Wilhelm Raiffeisen**, der berühmte Sozialreformer und Landbürgermeister, wurde am 30. März 1818 als siebtes von neun Kindern in Hamm an der Sieg geboren. Sein Vater war preußischer Bürgermeister. In Hamm verbrachte er seine Jugend. Da das Schulwesen in ländlichen Gegenden schlecht war, wurde er privat unterrichtet. Schon früh lernte er die Not der ländlichen Bevölkerung kennen, die durch die Umstrukturierung der Wirtschaft sowie Hungersnöte entstand.

Wenn die Menschen der kleinen bäuerlichen Höfe in Not gerieten, konnten sie sich von den Banken kein Geld leihen, da sie fast nichts besaßen, das als Pfand angesehen werden konnte. Raiffeisen, der als überzeugter Christ den Armen helfen wollte, wählte als noch immer wirksame Formel die Devise „Hilfe zur Selbsthilfe".

Als er 1845 Bürgermeister von Weyerbusch wurde, begann er dort seine Ideen umzusetzen. In Weyerbusch und den dazu gehörenden Gemeinden Fladersbach und Maulsbach wurden neue Schulen errichtet und für Mädchen und Frauen wurden Nähschulen eingeführt. Straßen und Fuhrwege wurden verbessert und somit neue Verdienstmöglichkeiten geschaffen. 1845 begann der Ausbau der Rheinstraße von Weyerbusch über Flammersfeld bis Neuwied, damit die Fuhrwerke zu jeder Jahreszeit fahren und die Menschen ihre Produkte verkaufen konnten, die teilweise per Schiff in die Großstädte weiterbefördert wurden. Die für den Straßenbau benötigten Basaltsteine konnten in nahe gelegenen Steinbrüchen beschafft werden und Arbeitsplätze sichern.

1847 wurde der **Weyerbuscher Brodverein** gegründet. Dieser gab in Hungerszeiten der armen Bevölkerung

Raiffeisenmuseum in Hamm

Brot, das sie sich wegen der gestiegenen Preise nicht mehr leisten konnte. Sehenswert ist in **Weyerbusch** das 1997 eingeweihte Raiffeisen-Denkmal sowie das Raiffeisen-Bürgermeisterhaus mit Backhaus.

1848 wurde Raiffeisen Bürgermeister in **Flammersfeld** mit den Gemeinden Schöneberg, Oberlahr, Peterslahr und Horhausen. Auch hier setzte er seine Ideen um. Er besorgte aus königlich-preußischen Militärmagazinen Mehl für die hungernde Bevölkerung. Es wurde das Bürgereinkaufsgeld eingeführt, das eine gewisse soziale Absicherung für die Armen bedeutete. Für die Gemeindewälder wurden Waldwärter ausgebildet und eingestellt. Auch eigene Gemeindejagdbezirke wurden eingerichtet. Das ehemalige Raiffeisen-Bürgermeisterhaus in Flammersfeld beherbergt heute in der ersten Etage ein Museum. Hier wird die damalige Situation anschaulich dargestellt. Auch ein typischer Bauerngarten gehört zum Museum.

Von 1852–1865 war dann Friedrich Wilhelm Raiffeisen Bürgermeister in **Heddesdorf**, heute ein Stadtteil von Neuwied. Am Rhein gab es günstigere Lebensbedingungen – nicht zuletzt wegen des milderen Klimas. Auch hier machte sich Raiffeisen um bessere Straßen verdient. Die historische Raiffeisenstraße führt von Hamm über Altenkirchen, Weyerbusch, Flammersfeld, Horhausen, Straßenhaus, Rengsdorf nach Heddesdorf/Neuwied. Friedrich Wilhelm Raiffeisen gehört zu den Gründern der genossenschaftlichen Bewegung in Deutschland und ist Namensgeber der Raiffeisenorganisation. Bis zu seinem Tod 1888 gelang es ihm, seine Genossenschaftsbanken in Deutschland zu verbreiten. Auch in anderen Ländern wurden Raiffeisengenossenschaften gegründet: „Was dem Einzelnen nicht möglich ist, das vermögen viele..." (Friedrich Wilhelm Raiffeisen)
Das Roentgen-Museum in Neuwied zeigt Ausschnitte aus dem Leben und Wirken des Genossenschaftsgründers Friedrich Wilhelm Raiffeisen.

Ehe wir unsere Reise fortsetzen, lassen wir uns im **„Romantik Hotel Alte Vogtei"** in **Hamm** verwöhnen.

Romantik Hotel Alte Vogtei

Das schöne Fachwerkhaus aus dem Jahr 1753 befindet sich schon in der fünften Generation im Besitz der Familie Wortelkamp. Das historische Gebäude wurde mit viel Sachkenntnis stilecht restauriert. Markus Wortelkamp ist weit über die Grenzen des Westerwalds für seine exzellente Küche bekannt und dürfte dies nicht zuletzt seinen Wander- und Lehrjahren in Frankreich verdanken. Das köstliche Menü mit fein abgestimmten Weinen ist mit frischen Produkten der Region zubereitet.
Da uns die heimelige Atmosphäre gut tut, bleiben wir einfach noch zwei Tage länger. Die Wander- und Wohlfühltage haben es uns angetan, zumal man uns auch einen Rucksack mit einem leckeren Lunchpaket zusammenstellt. Wir merken uns das Angebot zu besonderen Anlässen, wie etwa Geburtstagsfeiern, und für die kältere Jahreszeit den separaten Raum mit dem alten gusseisernen Ofen.

## Limeswanderweg

An einem schönen Herbsttag wollen wir den Limes erkunden. Die Römer hatten ihn im 2./3. Jh. n. Chr. auf der rechten Rheinseite zum Schutz ihres Reiches gegen die freien Stämme Germaniens errichtet. Der Limes reicht von Bad Hönningen bis zur Donau bei Regensburg und ist als Weltkulturerbe anerkannt.
Um möglichst viel zu erfahren, schließen wir uns einer geführten Wandergruppe an. Der Ausgangspunkt ist Bendorf-Sayn. Von dort geht es bergauf durch bunten Mischwald zur Bismarckshöhe. Auf unserem Weg können wir immer wieder schöne Ausblicke in das Neuwieder Becken im Rheintal genießen. Der Wanderweg verläuft meistens parallel zu Wall und Graben, der

ursprünglichen Limesstruktur. Die Umrisse der Limeswachtürme sind oft als Grundmauern im Gelände zu erkennen. Einige wenige sind rekonstruiert. Zwischen Wachposten 1/47 und 1/46 kreuzen wir das Hügelgräberfeld der Kelten aus der frühen Eisenzeit. Dort sieht man etwa 50 Rundhügel von 2 m Höhe.

Am Wachposten im Heimbach-Weiser und Gladbacher Wald sehen wir die Grundmauern des dortigen Römerturms. Danach gehen wir zum Kleinkastell Anhausen. An unserem Zielort Oberbieber besichtigen wir noch einen Wachturm. Er steht auf dem Wingertsberg und wurde in den 1970er-Jahren rekonstruiert. Die römischen Wachposten konnten so das Aubachtal kontrollieren.

## Isenburg im schönen Sayntal

Auf unserem Weg von Bendorf nach Dierdorf sind wir stets durch das schöne Sayntal gefahren. Die Ruine der Isenburg, die majestätisch auf einem Bergvorsprung oberhalb des Ortes steht, macht uns neugierig.

Zur Zeit unseres Besuches findet ein Fest statt und wir sind eingeladen. Wir laufen durch das Torhaus „Alte Porz", hier gibt es ein kleines Heimatmuseum. Wir aber eilen den Burgweg hoch und sehen schon die ersten Verkaufsstände mit regionalen Produkten.

Mit einigen anderen Besuchern erkunden wir auf einer geführten Tour die Ruinen der Isenburg. Engagierte Bürger, ein Förderverein der Isenburg e. V. und das Landesamt für Denkmalpflege Rheinland-Pfalz haben sich zur Aufgabe gemacht, die Burgruine vor dem weiteren Verfall zu bewahren.

Im Jahr 1100 etwa wurde die Burg als Stammsitz der Herren von Isenburg erbaut. Bald danach siedelten sich erste Bewohner rund um den Burgberg an. Ursprünglich gab es vier Türme, denn Burg und Wohnhäuser der Siedler wurden durch Mauern geschützt. Heute sind noch zwei Tore, die „Alte Porz" und die „Schildpforte" übrig geblieben. Im Laufe der Jahrhunderte dienten die Siedler zunächst den Herren der Burg; dann aber suchten sie sich eigene Erwerbsquellen. Sie waren zunächst als Nagelschmiede tätig und bauten später bis zum Anfang des 20. Jhs. Hopfen an.

Die Burg diente vor einigen hundert Jahren als Witwensitz und war ansonsten auch Heimat für die verwandten Familienstämme der Grafen von Walderdorff, der Grafen von Wied-Neuwied und der Grafen Wied-Runkel; aktuell gehört sie dem Fürsten zu Wied in Neuwied.

Isenburg

# Der Wiedweg

Die Wied ist mit über 100 km der längste Fluss des Westerwalds. Sie entspringt bei Linden auf der Westerwälder Seenplatte und mündet bei Neuwied in den Rhein. Von der Quelle bis zur Mündung sind es per Luftlinie jedoch nur etwa 34 km, denn der Fluss schlängelt sich mit vielen Windungen durch die schöne Mittelgebirgslandschaft des Westerwalds. Für den Wanderer ist dies ein reizvolles Naturerlebnis, da die Wegeführung sich meistens in Ufernähe befindet. Der Wanderweg an der Wied ist als „Wiedweg" mit Schildern mit einem geschwungenen „W" auf grünem Grund gekennzeichnet. Er ist in acht Etappen eingeteilt. 2010 wurde der Wiedweg durch den Deutschen Wanderverband als Qualitätsweg „Wanderbares Deutschland" ausgezeichnet.

Zunächst fließt die Wied von der Quelle kommend nach wenigen Kilometern in den Dreifelder Weiher, um an der anderen Seite bei Schmidthahn wieder auszutreten. Der Dreifelder Weiher ist der größte See der Westerwälder Seenplatte. Im 17. Jh. wurden einzelne, schon früher angelegte, kleinere Fischteiche von Graf Friedrich III. von Wied für die Fischzucht weiter vergrößert und durch Kanäle verbunden. Jedes Jahr im Oktober wird das Wasser aus den Weihern zur traditionellen „Fisch-Ernte" abgelassen. Ein etwa 32 km langer Rundweg, der „Sieben-Weiher-Weg", verbindet sämtliche Teiche. Die Teiche sind auch heute noch Eigentum des Fürstenhauses Wied.

In der Nähe der Austrittsstelle der Wied aus dem Dreifelder Weiher liegen ein Campingplatz und das Café-Restaurant „Haus am See". Es lädt mit Blick auf den See zur Einkehr ein. Campingplatz, Strandbad, Bootsverleih und Windsurfing – alles, was das Strandleben ausmacht, finden Sie vor der Haustüre.

Im Ort Steinebach an der Wied mit der Burgruine Talburg, einem Turmstumpf mit hochgotischem Torbogen von 1273, machen wir Halt und besuchen unseren Fotografen **Manfred Fandler**, mit dem wir gemeinsam Fotos auswählen, die unser Buch bebildern werden.

Unser nächstes Ziel ist das Hotel-Restaurant „Krambergsmühle". In dieser schönen Umgebung bleiben wir bis zum nächsten Tag.

Unsere Route führt uns dann in die Nähe von Altenkirchen nach **Almersbach** mit seiner spätromanischen Pfeilerbasilika. Im Süden von Altenkirchen schließt sich das Wiesental mit einem großen Landschaftsschutzgebiet an.

Über dem Wiesental mit Angelteichen steht der Bismarckturm mit einem schönen Rundblick über die Stadt und die reizvolle Naturkulisse. Der Turm ist einer von zwölf Türmen in Rheinland-Pfalz, die zum Gedenken an den ersten Kanzler des Deutschen Reiches errichtet wurden.

Unser nächstes Ziel ist **Döttesfeld**. Hier fließt der Holzbach in die Wied und wir erholen uns im Landgasthaus „Hotel zum Wiedbachtal". Dort haben wir Glück, denn es gibt ein „Schlachtessen".

Wir passieren die sog. **„Lahrer Herrlichkeit"**; dazu gehören heute die Orte Burglahr, Peterslahr, Eulenberg und Oberlahr. Namensgeber ist die Burg Lahr, die heute nur noch eine Ruine über der Wied ist. Die Grafen von

Burgruine Talburg

Isenburg erbauten 1276 das Veste Haus zu Laere, Graf Salentin von Isenburg verpfändete die Lahrer Herrschaft an Kurköln. Anfang des 19. Jhs. gehörten sie zum Herzogtum Nassau und später zu Preußen.

Peterslahr, früher Niederlahr, nahm dank einer Reliquie des Heiligen Petrus etwa im Jahr 1556 diesen Namen an. Ein mit Mineralien geschmückter Kreuzweg führt zur alten Dorfkirche. Bergleute schürften die Schmucksteine für die Kreuzwegstationen aus einem nahe gelegenen Stollen.

Mehr als 1.000 Jahre wurde in der „Lahrer Herrlichkeit" Eisenerzabbau betrieben. Anfangs wurde die Verhüttung der Erze in kleinen Schachtöfen (Rennöfen) vorgenommen, später wurden Hütten an Bachläufen errichtet.

Die Gruben Harzberg und Silberwiese, die bis in die 30er- und 40er-Jahre des vorigen Jahrhunderts betrieben wurden, förderten vor allem Spateisenstein (Siderit), welches mit fast 50 % Eisengehalt und aufgrund seiner leichten Verhüttbarkeit als wertvolles Eisenerz anzusehen ist. Trotz allem war es harte Arbeit für die

Menschen der „Lahrer Herrlichkeit". Wer aufmerksam ist, findet immer noch Spuren des Abbaus, vor allem auf dem Weg nach Burglahr. In Burglahr selbst befindet sich das Mundloch des Alvenslebenstollens. Auf einer Strecke von etwa 1,5 km ist er mit der Grube Louise bei Bürdenbach verbunden.

Bevor wir **Neustadt/Wied** erreichen, liegt im Mehrbachtal das ehemalige Kreuzherrenkloster Ehrenstein. Darüber erhebt sich die Burgruine. Die von Bertram von Nesselrode und seiner Ehefrau Margarethe von Burscheid errichtete Kirche und das Kloster begründeten die Ehrensteiner Armenstiftung.

In Neustadt/Wied macht das Museum „Wie et fröher wor" neugierig. Vorbei am Schloss Altwied führt uns der Weg nach **Roßbach**. Hier können wir zwischen zwei Hotels wählen: „Zur Post" und „Hotel Strandcafé". Da die dreischiffige Pfeilerbasilika durch Krieg und Brände beschädigt wurde, musste leider auch der baufällige Kirchturm Mitte des letzten Jahrhunderts abgerissen werden. Die Ruine der über 700 Jahre alten Kirche steht unter Denkmalschutz.

Über **Scheidsmühle** liegt das Schloß Wahlburg. Unser nächstes Ziel ist **Waldbreitbach**. Hier waren wir schon mehrfach (siehe „Städte und Orte kennenlernen"). Jeweils Mitte August wird die Waldbreitbacher Kirmes gefeiert. Der Höhepunkt findet am Vorabend der Kirmes mit dem Feuerwerk „Wied in Flammen" statt.

Weiter geht es nach **Hausen** mit einem Abstecher zum Franziskanerkloster St. Josefshaus. In **Niederbreitbach** führt uns der Weg über eine Brücke auf die linke Seite der Wied. Die „Laubachsmühle" lädt zur Einkehr ein.

In **Altwied** wandern wir wieder auf der rechten Uferseite. Hier sollte man sich ein wenig Zeit lassen. Die Burg Altwied, Stammburg der Grafen zu Wied, wurde Anfang des 12. Jhs. auf einem Felsvorsprung, der von drei Seiten von der Wied umgeben ist, errichtet. Den Zugang zum Burgdorf sicherte eine Porz, d. h. eine Pforte bzw. ein Torturm. Im Burgdorf stehen noch heute viele alte Fachwerkhäuser. Bis zur Mündung in den Rhein bei Neuwied-Irlich sind es nur noch wenige Kilometer.

## Kleine Spätsommerwanderung zur Brombeerschenke

Gerade im Spätsommer, wenn die Tage noch angenehm lang sind, wandern wir gern auf der Rheinhöhe über Leutesdorf im Naturpark Rhein-Westerwald. Unser Ziel ist die „Brombeerschenke". Seit über 60 Jahren werden auf Hof Haselberg über Leutesdorf Brombeeren angebaut und zu den edlen Leckereien verarbeitet.

Unsere kleine Wanderung haben wir bald beendet. Wir genießen einmalige Ausblicke auf Neuwied, Andernach und Koblenz – schöner kann ein Spätsommertag nicht sein. In der Brombeerschenke erwarten uns knusprige Waffeln mit Brombeeren und zusätzlich noch Eis; da hat sich die Tour wirklich gelohnt!

## Auf zum Köppel

Im Anschluss an einen kurzen Bummel in der hübschen Kreisstadt Montabaur fahren wir nach Horressen, Ausgangspunkt für einen gut beschilderten Rundweg zum Köppel. Wir gehen durch den Wald und freuen uns auf den zünftigen Aschebraten, ein in Alufolie gegarter Schweinebraten mit Pellkartoffeln und Sauerrahm, eine Spezialität des Köppelhüttenwirts. Doch vorher steigen wir auf die Plattform des Turms und werden mit einer atemberaubenden Rundsicht über den schönen Westerwald und das leuchtende Schloss auf dem Berg in Montabaur belohnt. Leichtfüßig finden wir den Rückweg zu unserem Ausgangspunkt in Horressen; schließlich geht es nun bergab.

## Das geheimnisumwitterte Sespenroth

Unterhalb der Altstadt von Montabaur wandern wir los über den alten Pilgerweg zur Wallfahrtskirche im Stadtteil Wirzenborn. Man vermutet, dass der große Brand im Jahr 1491 in Montabaur der Anlass dafür war, dass eine kleine Kapelle in Wirzenborn gebaut wurde. Eine danebenliegende Quelle war Namensgeber des Ortes. Der Pilgerstrom war so groß, dass die Kapelle bald vergrößert werden musste. Die heutige Kirche im gotischen Stil wurde 1510 geweiht. Am Ende des Zweiten Weltkriegs wurde ein Gelöbnis abgelegt, aufgrunddessen an Maria Himmelfahrt alljährlich am 15. August eine Prozession zum Dank für „Hilfe in schwerer Zeit" stattfindet.

Nach einer kurzen Pause im Landgasthaus „Liss" gehen wir auf dem Wanderweg am Gelbach entlang und suchen die Wüstung Sespenroth. Wir wissen, dass in den Hungerjahren Mitte des 19. Jhs. viele Westerwäl-

Wallfahrtskirche Wirzenborn

der auswanderten. Der karge Boden nährte sie nicht mehr und durch die Industrialisierung verloren viele ihr Auskommen. Im Zuge dieser „Flucht" wanderte in Sespenroth fast das ganze Dorf aus, genau gesagt 13 Familien mit 48 Personen. Nur wenige blieben zurück, die in Nachbardörfer umzogen. Die Einwohner Sespenroths verkauften ihr Hab und Gut, um die Passage von Bremen am 11. April 1853 mit der Brigg Leander nach New York bezahlen zu können. Erst am 30. Mai 1853 erreichten sie ihr Ziel Milwaukee in Wisconsin, wo sie sich als Bauern oder Handwerker niederließen. Als eingeschworene Gemeinde hielten sie zusammen und halfen sich untereinander. Sie sind mitverantwortlich dafür, dass Milwaukee bis heute als „deutscheste" Stadt der USA gilt.

Unsere Suche nach Überresten der elf Häuser, dem Backhaus und einer Kapelle müssen wir aufgeben. Nichts ist geblieben. Die Gebäude wurden eingerissen, das Baumaterial teilweise anderweitig genutzt. Wir finden aber ein Kreuz mit Blumenschmuck sowie eine Gedenktafel, die an Sespenroth erinnert. Heutzutage interessieren sich viele Nachkommen der Auswanderer für ihre Wurzeln und besuchen neugierig den Herkunftsort ihrer Vorfahren.

## Im Eisenbachtal

Die Umgebung von Montabaur ist von einem schönen Mischwald umgeben. Der Eisenbach ist ein Nebenfluss des Gelbachs. Die Mühlen haben es uns angetan: Die Freimühle und die Studentenmühle sind heute beide Hotels mit Restaurants. Wir haben uns vorerst für die letztere entschieden und unser Auto hier abgestellt.

Der Wanderpfad verläuft zunächst am Ufer des Eisenbachs entlang. Nach nur wenigen hundert Metern zeigt uns ein Wegweiser, dass wir abbiegen und den Bornkastenberg hinauf laufen müssen. Es geht an einem ehemaligen Basaltsteinbruch vorbei; dann durchqueren wir einen Ringwall, der erkennen lässt, dass es auf dem Berg eine Keltensiedlung gegeben haben muss. Der Berg hat nach drei Seiten hin einen Steilhang. Auf der flacheren Seite wurden zum Schutz gegen Feinde der Steinwall und der Graben angelegt. Oben auf der Kuppe steht die St. Anna-Kapelle. Die Statue der heiligen Anna stammt aus der Studentenmühle. Von hier oben genießen wir einen herrlichen Rundblick über den Westerwald.

Nun geht es zurück zu unserem Ausgangspunkt am Eisenbach. Das historische **Landhotel Studentenmühle** ist jetzt unser Ziel. Wir kehren ein und genießen die Rehsteaks aus eigener Jagd mit gefülltem Pfirsich und Kartoffelplätzchen.

Die Mühle liegt an der alten Handelsstraße von Montabaur nach Limburg. Sie soll vor langer Zeit ein Klostergut der Franziskaner in Hadamar gewesen sein, bevor sie in den Besitz des Herzogs von Nassau überging. In der Folgezeit war sie oft Ausgangspunkt für Jagdgesellschaften. Der Name „Studenten-Mühle" entstand im 19. Jh., als Herzog Adolf von Nassau den Studenten eine Mahlzeit in der Mühle spendierte.

Auf dem Rückweg fahren wir durch den Wald auf der Ortsstraße nach Nomborn. Das alte Dorf wurde schon 1289 urkundlich als Numburne (neuer Born) erwähnt. Sehenswert ist die romanisch-frühgotische Wehrkirche St. Kilian. Die Turmglocke, die zu den ältesten Glocken des Westerwalds gehört, stammt ebenfalls aus dieser Zeit.

Buchfink

## Buchfinkenland im Westerwald

Als Ausgangs- und Zielpunkt haben wir den Wanderparkplatz in Gackenbach vor der Pfarrkirche ausgesucht. Namensgeber ist der Buchfink, den man hier häufig antrifft. Inmitten des Naturparks Nassau wird das Buchfinkenland eingerahmt vom Gelbach im Osten, dem Seelbach im Süden, dem Stelzenbach im Westen und dem Daubach im Norden. Von Gackenbach gehen wir in Richtung Dies im Gelbachtal, vorbei am Wild- und Freizeitpark mit der 400 m langen Sommerrodelbahn. Im Waldcafé legen wir eine Pause ein. Vor Dies überqueren wir die Landstraße und gelangen in das schöne Seelbachtal. Wir kommen an der ehemaligen Grube

Anna vorbei, von der allerdings nur noch die Ruinen der alten Schmelzhütte erhalten sind. Hier wurden früher Blei und Silber abgebaut. Am Hellbach kommen wir vorbei an der Wüstung Willgenhausen, einer Siedlung, die schon im 17. Jh. aufgegeben wurde. Markierte Waldwege führen uns weiter zur Landstraße. Unser Wanderpfad läuft parallel dazu an zwei Hügelgräbern aus der Keltenzeit vorbei und bald sind wir wieder am Ausgangspunkt in Gackenbach.

Ein in Sandstein gemeißelter Buchfink der Künstlerin und Diplompädagogin **Brigitte Butzchen-Nowack** begrüßt mitten in Hübingen den Besucher. Die staatlich anerkannte Erholungsgemeinde gehört mit Gackenbach und Horbach zum sog. Buchfinkenland.

Wir besuchen die sympathische Künstlerin in ihrem schön restaurierten Fachwerkhaus direkt am Ortseingang, Hauptstraße 10, und sie erklärt uns freundlicherweise ihre Arbeit. Jedes Jahr im Spätsommer öffnet sie ihre Atelierräume und wir können ihre Skulpturen aus

„Fliegende" – Mirabelle, Brigitte Butzchen-Nowack

Sibylla Busch beispielsweise hat erst spät ihre Begabung und Liebe zur Malerei, zum Modellieren von Plastiken und Bearbeiten von Steinen entdeckt. Sie ist eine der vielen Kursmitglieder, die Brigitte Butzchen-Nowack in ihren Kursen weiterbildet.

„Widder" – Sandstein, Sibylla Busch

unterschiedlichen Gesteinsarten, die teilweise mit Holz kombiniert werden, bewundern. Im wildromantischen Garten leuchten die Dahlien mit den bunten Skulpturen im Herbstlicht um die Wette.

Die Bildhauer-Kurse bei Brigitte Butzchen-Nowack sind bei Kunstinteressierten sehr begehrt, da sie es mit viel Geschick und Geduld versteht, zu motivieren und sowohl handwerklich als auch gestalterisch anzuleiten. Hier fühlt man sich angenommen, wird adäquat unterstützt und kann stets sein eigenes Kunstwerk mit nach Hause nehmen.

## „Im Tal"

Ein besonderes Erlebnis war für uns ein Rundgang durch die zauberhafte Natur- und Kulturlandschaft „Im Tal". Erwin Wortelkamp, geboren in Hamm, Bildhauer und rheinland-pfälzischer Staatspreisträger, hat uns einen Teil seines weitläufigen, über zehn Hektar großen Ausstellungsareals zwischen den Dörfern Hasselbach und Werkhausen gezeigt.

Die in Europa einzigartige Anlage konnte seit 1986 in einer naturnahen Bilderbuchlandschaft mit Bachlauf,

Wiesen, Weiden und Waldflächen wachsen und gedeihen. Die blühende Landschaft und die ortsbezogenen Kunstwerke bedingen einander. So konnte ein fruchtbarer Dialog zwischen Kunst und Landschaft angestoßen werden, der seinesgleichen sucht. Auf gemähten Wiesen kann man sich in einem dreistündigen Rundgang durch dieses abwechslungsreiche Areal bewegen. Das Gelände ist ganzjährig zugängig.

Über 40 Künstler aus aller Welt haben in dieser reizvollen Anlage entlang der Feuchtwiesen und Teiche ihre skulpturalen Kunstwerke stimmig in die Landschaft

integriert. Etwas Einmaliges ist das „Haus für August Sander". Der berühmte Westerwälder und international bedeutende Fotograf wurde hier 1989 mit dem ersten musealen Gebäude weltweit geehrt.

Zur Kunst haben sich mittlerweile zahlreiche Vogel- und seltene Tierarten gesellt. Beschirmt wird dieser zeitgenössische Garten Eden durch die Familienstiftung **„Im Tal – Stiftung Erwin und Ulla Wortelkamp"**. Diese private Initiative hat sich zum Ziel gesetzt, künftig sowohl die Werke aus der Anlage „Im Tal" als auch wichtige Arbeiten von Erwin Wortelkamp in die Stiftung zu überführen und beides dauerhaft der Öffentlichkeit zugänglich zu machen.

„Vielleicht ein Baum" – Eisen, Erwin Wortelkamp

Außerdem wurden die Ausstellungshäuser „Haus für die Kunst" und das „Depositum" in Weyerbusch errichtet. Dieser von Kim Wortelkamp und Hauke Herberg in ihrem Leipziger Büro „quartier vier" geplante Solitärbau wurde 2011 mit dem Architekturpreis des Landes Rheinland-Pfalz ausgezeichnet. Gewürdigt wurden die Ästhetik, die Funktionalität, die sozial-ökologischen Aspekte sowie die Ganzheitlichkeit, die Innovation und die Zusammenarbeit mit dem Bauherrn. In diesem ausgezeichneten Bauwerk finden nun jährlich besondere Veranstaltungen statt.

## Grenzau im schönen Brexbachtal

Näher können wir dem Wasser nicht sein! Zum Frühstück oder Mittagessen sitzen wir direkt am Brexbach im kleinen Ort **Grenzau** im **Wellnesshotel „Zugbrücke"**, das 2014 sein 50-jähriges Jubiläum feiern konnte. Das noble Wellnesshotel inmitten der Natur lädt zur Entspannung und Erholung ein. Die „Zugbrücke" liegt im Rheinischen Westerwald, 15 km von Koblenz entfernt. Dank der guten Autobahnverbindung ist das Hotel schnell und einfach zu erreichen. Grenzau ist ein Stadtteil von Höhr-Grenzhausen, der „Hauptstadt" des Kannenbäckerlandes.

Kennengelernt haben wir dieses einmalige Hotel im Brexbachtal bei einer Tagung. Es bietet Qualitäten, die nicht nur uns überzeugen: Deshalb wurde das Hotel im September 2014 mit dem „Rhein-Mosel-Marketing Award" des Marketing-Clubs Rhein-Mosel ausgezeichnet. **Olaf Gstettner**, der geschäftsführende Direktor, ist die treibende Kraft des erfolgreichen 4-Sterne-Hotels, das übrigens vor einigen Jahren beim rheinland-pfälzischen Wettbewerb „Gastgeber des Jahres" zum Sieger in der Kategorie der 4- und 5-Sterne-Hotels gekürt wurde. Angenehm individuell geht es im familiengeführten Privathotel mit mehreren Restaurants und Bars, Schwimmbad- und Saunalandschaft, Beauty Spa und Fitness-Studio zu; über allem thront auf einem Felsen die über 800 Jahre alte Burg Grenzau. Ausschlafen, gut essen, viel frische Luft schnappen, Sport treiben, wandern oder einfach faulenzen – hier kann man eine Auszeit nehmen und bewusst nachholen, was im Alltag zu kurz kommt.

Aber all dies wäre nichts ohne die Leistungen der Küche. Sowohl die internationale als auch die gutbürgerliche regionale Kochkunst werden hier gepflegt. Ebenfalls ganz neu ist die „Z Genusszone": Heimat und Natur dienten als Inspirationen, um daraus eine moderne Architektur mit einem zeitgemäßen Angebot an Essen und Trinken zu schaffen.

Im „Burghof" gibt es außer dem vielfältigen Frühstück mittags und abends abwechslungsreiche Buffets. In der „Schatzkammer", dem À-la-carte-Bereich, bringt die Zugbrücke-Küche kulinarische Köstlichkeiten aus der Region frisch auf den Tisch.

Für den Abend bietet die „Zugbrücke" zwei völlig unterschiedliche Alternativen: In der trendigen „CUBE Bar" gibt es eine große Auswahl an Cocktails und Spirituosen. Wer Lust auf eine ungezwungene Atmosphäre hat, genießt in „Manni's Landhaus-Schänke" bodenständige Westerwälder Küche oder ein frisch gezapftes Bier in rustikalem Ambiente. Beliebter Sommertreffpunkt ist der Biergarten. Wer sich sein Bier „verdienen" möchte, versucht sich vorher auf einer der Bowling- oder Kegelbahnen.

Großen Wert legt man auf die Produkte der Region. Im „Genussreich" werkeln die Kräuterexperten und Köche der „Zugbrücke". Von Essig und Öl über Chutneys und Pesto bis hin zu Likören gibt es hier viel Selbstgemachtes für all diejenigen, die ihren Liebsten (oder auch sich selbst) den Geschmack des Westerwaldes mit nach Hause bringen möchten. Die Angebotsvielfalt ist groß: Ob Themenbüfetts im Restaurant Z oder Cocktailklassiker der 60er-Jahre in der Cube Bar & Lounge – hier fühlt man sich wohl bewirtet und fast kein Wunsch bleibt unerfüllt.

Burg Grenzau

Wussten Sie eigentlich, dass hier 1952 der damals 16-jährige Manfred Gstettner den TTC Zugbrücke Grenzau gegründet hat? Der deutsche Tischtennisverein ist mit einer Mannschaft in der Bundesliga vertreten. Bisher konnten 13 nationale und internationale Titel errungen werden. In der hoteleigenen Sporthalle kann man die Profis des Bundesligisten TTC Zugbrücke Grenzau bei Wettkampf und Training beobachten oder in der Tischtennis-Schule die Kunst des Spiels mit dem klei-

nen weißen Ball erlernen. Auch Unterrichtsstunden für Anfänger und Fortgeschrittene kann man hier buchen. Wenn Sie gerne wandern und gut zu Fuß sind, empfehlen wir den Brexbachschluchtweg. Es ist ein anspruchsvoller Wanderweg mit steilen und dicht bewaldeten Hängen. Zu besonderen Anlässen können Sie auch vom stillgelegten Endstation-Bahnhof Grenzau mit der Brexbachtalbahn fahren.

Highlight ist im August der traditionelle Handwerkermarkt. Verschiedene Zünfte präsentieren hier ihre Fertigkeiten. Natürlich präsentieren sich die Töpfer an der Drehscheibe. Aber auch Drechsler, Zinngießer, Bürstenmacher, Seifenmacher, Schmuckdesigner, Imker und, nicht zu vergessen, die Brotbäcker der Region zeigen ihr Können. Der köstliche Duft der frisch gebackenen Brote zieht die Kunden schon von weitem an. Jagdhornbläser und eine mittelalterliche Sängergruppe erfreuen mit ihren Darbietungen.

Ein weiterer Höhepunkt ist der jedes Jahr stattfindende St.-Martins-Umzug mit dem imposanten Martinsfeuer. Ob Urlaub oder Tagung, im wildromantischen Brexbachtal ist man in jedem Fall gut aufgehoben!

Nicht weit entfernt liegt der Ort **Sessenbach**. Wer sich für Astronomie interessiert, kann Planetarium und Sternwarte besuchen. Ganzjährige Führungen werden bei Tag und Nacht angeboten, spannende Vorträge sind inklusive.

Dreieckiger Bergfried Burg Grenzau

# Das Kannenbäckerland oder alle Wege führen nach Höhr-Grenzhausen

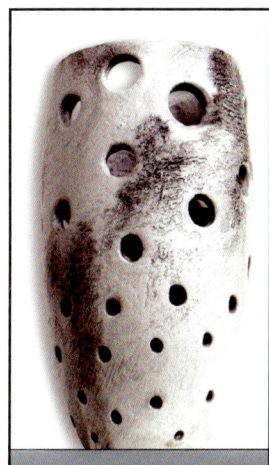

Keramikwerkstatt Andreas Hinder, Salzbrand, H 162 cm, Dm 68cm

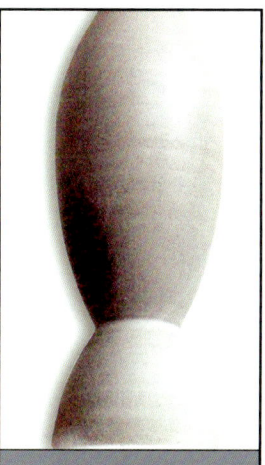

Keramikwerkstatt Emil Heger, Salzbrand, H 198 cm, Dm 70 cm

Keramikwerkstatt Martin Goerg, salzglasiertes Steinzeug, H 162 cm, Dm 86 cm

Keramikwerkstatt Roland Giefer-Bahn, salzglasiertes Steinzeug, H 104 cm, Dm 87 cm

Keramikwerkstatt Peter Eichelberg, farbiges Steinzeug, H 162 cm, Dm 68

Keramikwerkstatt S. und Ch. Böhmer, farbiges Steinzeug, H 162 cm, Dm 68 cm

staatl. Fachschule für Keramikgestaltung/Rita Denigris, farbiges Steinzeug, H 104 cm, Dm 68 cm

Keramikwerkstatt Fritz Rossmann, reduzierender Gasbrand, H 198 cm, Dm 86 cm

Keramikwerkstatt Susanne Altzweig, farbiges Steinzeug, H 83 cm, Dm 68 cm

Keramikwerkstatt Cordula Repenning, salzglasiertes Steinzeug, H 162 cm, Dm 68 cm

Keramikwerkstatt Achim Rech, reduzierender Gasbrand, H 180 cm, Dm 86 cm

Keramikwerkstatt Tanja u. Gideon Necker, farbiges Steinzeug, H 104 cm, Dm 76 cm

Keramikwerkstatt Mühlendyck, salzglasiertes Steinzeug, H 190 cm, Dm 86 cm

Keramikwerkstatt Merkelbach Manufaktur, salzglasiertes Steinzeug, H 162 cm, Dm 72 cm

Keramikwerkstatt Ute Matschke, farbiges Steinzeug, H 104 cm, Dm 72 cm

Keramikwerkstatt Ursula Kraus, reduzierender Gasbrand, H 108 cm, Dm 103 cm

Keramikwerkstatt Bernd Keller, Steinzeugbrand, H 83 cm, Dm 72 cm

Keramikwerkstatt Barbara Kaas, salzglasiertes Steinzeug, H 104 cm, Dm 72 cm

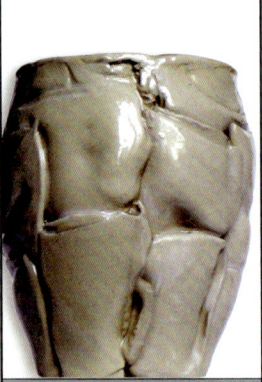

Fachhochschule IKKG Dagmar Kriegesmann, salzglasiertes Steinzeug, montiert, H 108 cm, Dm 86 cm

Keramikwerkstatt Gerhard Tattko, reduzierender Gasbrand, H 103 cm, Dm 105 cm

## Regionale Produkte aus regionalen Grundstoffen

Von den im Westerwald seit Urzeiten abgelagerten Grundstoffen haben vor allem Ton, Basalt und Schiefer die Kulturlandschaft geprägt. Der Ton aus den Gruben der Region gilt weltweit als hervorragend. So ist es nicht verwunderlich, dass schon seit Generationen aus ihm in Keramikwerkstätten und Töpfereien Gebrauchsgegenstände wie Steinzeug, Töpfe, Teller, Kannen und Kunstobjekte gefertigt werden, was der Gegend den Namen Kannenbäckerland einbrachte. Auch hitzebeständige Fliesen und Steine für Öfen und Kamine sowie Hochöfen der Eisenindustrie werden hier kunstvoll gefertigt. Die Kannenbäckerstraße, 1978 eröffnet, führt mit einer Länge von 35 km durch diese Region. Sie beginnt

bei Neuhäusel (zwischen Koblenz und Montabaur) und führt über Hillscheid, Höhr-Grenzhausen, Hilgert, Ransbach-Baumbach, Mogendorf, Siershahn und Wirges bis nach Boden. Von Neuhäusel bis Höhr-Grenzhausen deckt sich ihr Verlauf mit der Deutschen Limes-Straße.

Noch heute werden im Kannenbäckerland und im Westerwald Tone einer besonderen Qualität abgebaut und verarbeitet. Die bedeutendsten Lagerstätten befinden sich im südlichen Westerwald, unter anderem bei Siershahn, Mogendorf, Leuterod, Wallmerod, Berod sowie Rappach-Goldhausen. Hier wird in einer Vielzahl von Tagebauen hochwertiger Ton gewonnen.
Ton wurde im 19. Jh. noch unter Tage (in Glockenschächten) oder über Tage (im Tagebau) per Hand mit dem Spaten gestochen. Heutzutage wird Ton im Westerwald ausschließlich in Tagebaubetrieben gewonnen.

Künstler Fritz Roßmann, Höhr-Grenzhausen

## Ton spielt in unserem Alltag eine bedeutende Rolle

Der Rohstoff Ton umgibt uns von morgens bis abends und trägt entscheidend zu unserem Wohlstand bei. Güter, mit denen der Rohstoff Ton zunächst einmal in Verbindung gebracht wird, sind keramische Erzeugnisse. Von den Wand- und Bodenfliesen über Mosaikplatten bis hin zur Geschirr- und Zierkeramik (Gefäßkeramik) ist hier vieles vertreten, was den Alltag erleichtert und bereichert.

In der Baukeramik (Klinker und Dachziegel) kommen Tone aus dem Westerwald ebenso zur Anwendung wie

in Form von Steinzeugröhren. Auch in der Industrie ist Ton ein Teil des Fortschritts: Tone werden für Füllkörper (kleine gebrannte Keramikkugeln oder Zylinder, die für große Industriefilter benötigt werden) genauso genutzt wie für feuerfeste und säurebeständige Kacheln. Zudem setzt die Elektro- und technische Keramik Tone ein.

Die Anwendungsgebiete erstrecken sich auf weitere Bereiche des täglichen Lebens, die Landwirtschaft sowie zusätzliche Industriezweige. So findet Ton als Füllstoff auch im Bereich der Gummi-, Lack- und Farbenindus-

trie Anwendung. Selbst Abgasfilter von PKWs (Katalysatoren) bestehen zum Großteil aus feuerfester Keramik.

Bei Betonwaren kommen Spezialtone ebenfalls zum Einsatz. Durch ihre besonderen Merkmale tragen die Rohstoffe dazu bei, Produkteigenschaften zu verbessern und somit für höhere Grünstands- und Druckfestigkeiten zu sorgen. Tone werden zudem bei Dichtbauwerken, im Brunnenbau sowie zur Rückverfüllung von Bohrlöchern genutzt.

Die heimische Industrie hat sich zum Ziel gesetzt, die Rohstoffförderung möglichst nachhaltig und umweltgerecht zu betreiben. Die Rekultivierung ehemaliger Lagerstätten schafft neue Lebensräume für seltene Pflanzen und Tiere. Beispiele hierfür sind Uferschwalbe und Uhu, die vom Aussterben bedrohte Gelbbauchunke oder die auf der Roten Liste stehende Wechselkröte.

Ton, das weiße Gold des Westerwalds, bildet als wichtige Grundlage für die verschiedensten Industriezweige einen nicht zu unterschätzenden Wirtschaftsfaktor und wird auch in Zukunft entscheidend zum Wohlstand dieser Region beitragen.

## Höhr-Grenzhausen – Mittelpunkt der keramischen Industrie

Höhr-Grenzhausen ist Mittelpunkt der keramischen Industrie im Kannenbäckerland und weltweit bekannt. Viele bedeutende Künstler haben hier ihre Ausbildung gemacht. Es gibt den Westerwald Campus Höhr-Grenzhausen der Hochschule Koblenz (FH), dessen Wurzeln bis ins 19. Jh. zurückreichen. 1987 wurden die ersten Fachhochschulstudiengänge von Professorin Barbara Stehr begründet. Heute sind dort die Fachrichtung Werkstofftechnik Glas und Keramik und das Institut Künstlerische Keramik und Glas (IKKG) angesiedelt. Einmalig in der Deutschen Kunstlandschaft werden seit 25 Jahren am IKKG Keramik und Heißglas als zeitgemäße Werkstoffe für Skulpturen erforscht und neben weiteren Werkstoffen der bildenden Kunst praktisch erprobt.

Hier werden der grundständige Bachelor-Studiengang „Freie Kunst Keramik/Glas" und ein gleichnamiger weiterführender Master-Studiengang angeboten.

Ortsansässige Kooperationspartner wie das Forschungsinstitut für anorganische Werkstoffe Glas/Keramik GmbH (FGK), das CeraTechCenter, ein Existenzgründungszentrum für Unternehmen auf dem Gebiet der keramischen Technologien und Werkstoffe (CTC), und das European Centre for Refractories (ECREF) arbeiten mit dem Bildungs- und Forschungszentrum Keramik (BFZK) eng zusammen. Das BFZK mit seinen vielfältigen Institutionen ist europaweit einzigartig. Forschung und Entwicklung, Gestaltung und Kunst unter Bewahrung der Historie gehen hier eine Symbiose ein.

Im **Keramikmuseum** kann man **Historie und Moderne** unter einem Dach bewundern: angefangen vom Roh-Ton über Tonabbau bis hin zu zeitgenössischen keramischen Arbeiten sowie von der Fußdrehscheibe bis zur Hightech-Keramik. In einem Film sieht man, wie ein „Euler" (Töpfer) einen Ofen bestückt, und wie mühevoll es war, bis jedes Teil seinen Platz fand und der Ofen zugemauert wurde, um dann ca. eine Woche zu brennen. Das langsame Abkühlen dauerte dann nochmals einige Tage. Für das weltbekannte blau-graue oder rot-braune Steinzeug wurde während des Brennvorgangs Salz für die Glasur in den „Schlondes" der Öfen geschüttet.

Die Tonpfeifenherstellung reicht bis in das Jahr 1685 zurück. Genau wie die Kannenbäckerei gehörte sie ursprünglich zu der Hausindustrie der kleinen Bauern, die auf einen Nebenverdienst angewiesen waren.

Jugendlicher Forscher im Keramikmuseum

Profis aus Kunst und Handwerk bieten Seminare für Kinder und Erwachsene an.

Ein Erlebnis besonderer Art ist „Höhr-Grenzhausen brennt Keramik". Wir freuen uns schon auf den Oster-montag, denn dieser Tag bildet den Auftakt zu diesem Spektakel. Und im Juni besuchen wir den Keramik-markt, auf dem man immer etwas Schönes findet.

Viele Westerwälder Steinzeugkrüge aus dem 17. und 18. Jh. wurden damals mit der niederländischen Ostin-dien-Kompanie sowie anderen See- und Handelsgesell-schaften auch nach Afrika exportiert. Dort wurden sie gehegt und gepflegt und weiter vererbt. Alte tönerne Mi-neral-Wasserflaschen aus dem Westerwald haben wieder ihren Weg zurück in die Kannenbäckerstadt gefunden. Mit großer Überzeugungsarbeit ist es Pfarrer Leonhard Meurer aus dem Missionshaus in Sankt Augustin bei Bonn gelungen, einige dieser wertvollen Stücke wieder heimzuholen.

Das Keramikmuseum schreibt seit 1973 einen Wett-bewerb aus, der große Beachtung findet: Der begehrte „Westerwaldpreis" gewinnt immer mehr an Bedeutung und ist einzigartig. Viele Studienreisen anderer Aka-demien führen deswegen in die Kannenbäckerstadt. Freundschaften werden geknüpft und internationale Künstler geben sich dort ein Stelldichein.

Töpferei und Keramikmuseum im Kannenofen

Töpferei und Keramikmuseum im Kannenofen

Wenn Sie noch ein besonderes Kleinod sehen möchten, dürfen Sie nicht versäumen, in die „Töpferei und Keramikmuseum im Kannenofen" in der Kleinen Emserstraße zu gehen. **Bolko Peltner** ist Kunsthistoriker, Sammler und ein Liebhaber historischer und moderner Keramik. Gern zeigt er uns seine einzigartige Westerwälder Eulerei. Seine Familie flüchtete 1945 aus Schlesien. Heute unterhält er freundschaftliche und geschäftliche Beziehungen zur schlesischen Töpfermetropole Bunzlau, dem heutigen polnischen Bolesławiec. Dort wurde in den 1970er-Jahren die Produktion von Keramik nach Bunzlauer Art wieder eingeführt. Es wird zwar nicht mehr auf der Töpferscheibe gedreht, aber die Keramik wird nach alten Formen und teilweise mit traditionellen Dekors in guter Qualität hergestellt.

Grenzau im Brexbachtal

## Europäische Keramikstraße – European Route of Ceramics

Seit 2012 gibt es die Europäische Keramikstraße, die auch vom Europarat zertifiziert wurde. Höhr-Grenzhausen gehört dazu! Das Netzwerk „UNIC" (Urban Network for Innovation in Ceramics – Städtenetzwerk für Keramikinnovation) unterstützt die Aktivitäten. Weitere Partner sind Limoges in Frankreich, Aveiro in Portugal, Castellón und Sevilla in Spanien, Cluj-Napoca in Rumänien, Delft in den Niederlanden, Faenza in Italien und Stoke-on-Trent in Großbritannien. Außerdem gehören in Deutschland das Museum Porzellanikon in Selb und Hohenberg an der Eger sowie in Ungarn das Museum Zsolnay in Pécs zum UNIC.

Darüber hinaus existiert noch die Weltstraße der Keramik; dieser gehören in Südkorea die Städte Gangjin und Cheonan, in China die Städte Jingdezhen und Tangshan sowie in Japan die Stadt Seto an. Das Ziel lautet: Kultur- und Industriestätten verbinden, sich austauschen sowohl im Produktionswissen als auch in der Vermarktung.

Limoges

Stoke-on-Trent

Delft

Selb

## Firma ASA Selection in Höhr-Grenzhausen

Eine besondere Firma ist **ASA Selection** in Höhr-Grenzhausen. Die Formen und Farben begeisterten nicht nur uns; die Firma ist damit weltweit auf Erfolgskurs und erhält international bedeutende Design-Prämierungen. In den vergangenen Jahrzehnten hat sie sich von einem kleinen Familienbetrieb zu einem weltweit tätigen Keramikunternehmen entwickelt.

1976 als kleine Vertriebsgesellschaft für keramische Wohnaccessoires gegründet, beschäftigt ASA Selection mittlerweile rund 50 Mitarbeiter in Design/Entwicklung, Verkauf und Beschaffung. Zudem durchlaufen ständig mindestens fünf Auszubildende die Abteilungen des Unternehmens und werden im Berufsfeld Kaufmann/Kauffrau im Groß- und Außenhandel ausgebildet. Inzwischen ist das Unternehmen auch nicht nur in Europa, sondern weltweit in mehr als 60 Ländern mit zahlreichen „home by ASA-Shops" vertreten. Neben diesen Shop-in-Shop-Standorten wurden in den vergangenen Jahren europaweit mehrere reine „home by ASA-Stores" eröffnet, in denen annähernd die gesamte Kollektion angeboten wird.

„Design ist der Dreh- und Angelpunkt aller Aktivitäten unseres Unternehmens", berichtet Geschäftsführerin **Yvonne Schubkegel**. ASA Selection steht für klares Design, für Formen und Oberflächen, die nicht modisch sind, eher zeitlos, pur und doch emotional. Dazu kommt, dass die Ware keine anonyme Massenware ist. Geschirre und Accessoires werden zum großen Teil noch in Manufakturen hergestellt. Sie stehen im Zeichen von Nachhaltigkeit und „hands with passion". Dieses Label steht für nachweislich von Hand gefertigte Produkte mit Unikatcharakter und kennzeichnet mittlerweile viele **ASA Selection-Produktfamilien**. „Schlichtschönes Design mit handwerklichen Wurzeln, das ist unser Erfolgsrezept, welches regelmäßig mit nationalen wie internationalen Preisen ausgezeichnet wird", erklärt Yvonne Schubkegel.

Tischkultur hat einen sehr hohen Stellenwert bei ASA Selection. So wurde im Sommer 2012 eine Eventküche eingerichtet. Dort werden monatlich Kochkurse mit wechselnden Themen angeboten. Immer mit saisonalen Zutaten – gesund und lecker. Die Küche wird täglich für das gemeinsame Mittagessen von Geschäftsleitung und Mitarbeitern genutzt. Hierfür wurde die junge Köchin Jessica Weber eingestellt, die täglich ein gesundes und frisches 3-Gänge-Menü für das gesamte Team zubereitet.

Die Ausprägung als Familienunternehmen spielt sicher eine wichtige Rolle. „Unser Vorstand ist schnell mal einberufen. Das macht uns flexibel und schneller. Entscheidungen werden auch mal beim gemeinsamen Mittag- oder Abendessen getroffen", erzählt uns Yvonne Schubkegel. Die Fortführung des Unternehmens ist sichergestellt; die beiden Kinder Catrin und Börge Schubkegel sind seit 2001 in der Unternehmensführung und beim täglichen Mittagessen ist auch die dritte Generation stets präsent.

Bei unserem Rundgang durch Höhr-Grenzhausen fällt uns die Firma **RASTAL** auf. „Das Glas zum Genuss" – ein Besuch in der Gastronomie und ein bewusster Blick auf das Glas bieten beste Chancen, RASTAL zu begegnen. Als führender Partner der nationalen und internationalen Getränkeindustrie steht das 1919 gegründete Familienunternehmen bereits seit Jahrzehnten für zeitgemäßes und innovatives Trinkglasdesign, das erfolgreiche Marken weltweit für ihren unverwechselbaren Auftritt nutzen. Die anerkannte Kompetenz im Bereich des Glasdesigns, der Fertigung und Verarbeitung machen RASTAL-Produkte nicht nur für die Industrie, sondern darüber hinaus auch für den Endverbraucher und damit für den Handel zum attraktiven Angebot.

RASTAL bedeutet kreatives Design, ausgezeichnet bei zahlreichen nationalen und internationalen Wettbewerben.

Firma ASA

## Was gibt's Besonderes in Ransbach-Baumbach?

Nicht versäumen sollte man den jährlich Anfang Oktober stattfindenden Keramikmarkt in **Ransbach-Baumbach**. Künstler und Gewerbetreibende sind hier mit ihren Kunstwerken und Waren vertreten. Schauen, kaufen und flanieren sind hier angesagt. Wir freuen uns schon jetzt wieder darauf, denn dann können wir unseren Freunden im Ausland die sehnlichst gewünschte Eierkäseform besorgen. Kennen Sie diese Westerwälder Spezialität? Wenn nicht, dann können Sie im Rezeptteil nachschlagen. Seien Sie neugierig auf unsere modern interpretierten traditionellen Gerichte aus regionalen Zutaten.

Übrigens haben wir im Kannenbäckerland, wie kann es anders sein, einen Keramiktopf der **Fa. Jopeko** aus **Ransbach-Baumbach** für unser Gericht „Dicke Bohnen und Mohrrüben mit Bratwürsten nach Braumeisterart" verwendet. So zart und schonend wurden die Bohnen noch nie gegart. Der Keraflamm-Topf eignet sich auch hervorragend für Käsefondue.

Uns hat besonders gefallen, dass der Topf direkt vom Herd auf den Tisch gesetzt werden kann. **Jopeko** hat schon vor Jahren ein Verfahren entwickelt, das nicht nur das Topfmaterial, sondern auch dessen Oberfläche, die Glasur, extrem hart und widerstandsfähig gegenüber wechselnden Temperaturen macht.

Unterlagen in der Familienchronik besagen, dass die Fertigung von Keramik bis um 1600 zurückverfolgt werden kann. Noch heute ist Jopeko ein Familienunternehmen. 1848 begann man mit der Produktion von salzglasierten Steinzeugkrügen zur Abfüllung von Mineralwässern, dann folgte Gebrauchskeramik, die von Feinsteingut abgelöst wurde. Das mittelständische Unternehmen ist aber flexibel in seiner Fertigung, die Wünsche der Kunden haben Priorität.

Einen Besuch in der Bergstraße bei der bekannten **Künstlerin Susanne Boerner** wollen wir auf keinen Fall versäumen und uns richtig viel Zeit nehmen, denn in ihrem Atelier gibt es viel zu entdecken. Massenware aus Billiglohnländern wird man in ihren bis ins Detail liebevoll gestalteten Räumen nicht finden, dafür aber eine große Zahl an kunstvoll getöpferten Figuren und aus interessanten Materialmixen gefertigten Designobjekten. Wie der sprichwörtliche rote Faden ziehen sich Lebensbejahung und Lebensfreude durch das Schaffen der Künstlerin, die vor vielen Jahren mit einer „Gute Miene" genannten Edition begann und ihrem Motto bis heute trotz der großen Vielfalt an Farben, Formen und Strukturen in ihrem Werk immer erkennbar treu geblieben ist. Ihr Prinzip: Nichts Negatives verlässt ihre

Hochzeitsstele Susanne Boerner

„Gute-Laune-Werkstatt", die den Ausstellungsräumen direkt gegenüber liegt.

Auch die „Inneren Werte" ihrer Figuren, Stelen und der vielen anderen Kunstobjekte können sich sehen lassen, sind sie doch aus frostsicherem Ton, beständigem Metall und Jahrhunderte überdauerndem Eichenholz gefertigt und wie geschaffen dafür, im Innen- und Außenbereich das Leben über lange Zeit ein wenig heller, freundlicher und positiver zu gestalten. Kann Kunst eine wichtigere Aufgabe erfüllen? Susanne Boerner würde wohl sagen: Bestimmt nicht!

Der „Schlondes"

Töpferei Anno 1600

Man muss nur aus der Tür hinaus, den Innenhof entlang und durch eine zweite Tür gehen und betritt eine völlig andere Welt. Im Reich der Meistertischlerei **„Der Schlondes"** von **Peter Letschert** gehört die ganze Liebe, Sorgfalt und Aufmerksamkeit der Restaurierung von alten Möbeln, aber auch der Schaffung moderner Inneneinrichtungen aus Holz, oft nach historischem Vorbild. Das Beste aus alten Traditionen und überlieferter Handwerkskunst in Kombination mit zeitgemäßen Konzepten und Ideen wird hier zusammengefügt. In der Werkstatt finden liebevoll restaurierte Einzelstücke zu alter Form zurück, aber es werden auch fortschrittlich-funktionelle Küchen oder Ladeneinrichtungen im Wunschmaß geplant, gebaut und umgesetzt – immer im Dialog mit dem Kunden.

Mit „Schlondes" wird im Westerwälder Dialekt übrigens der Schlund eines Ofens bezeichnet; der wärmste Ort im Haus und wie geschaffen als Treffpunkt für gemütliche Gespräche. Im Reich von Peter Letschert gibt es natürlich einen solchen „Schlondes": Seine Werkstatt ist Teil einer bis ins Jahr 1600 zurückgehenden Töpferei, auch wenn hier längst mit Hobel, Schnitzmesser und Abbeize hantiert wird und es nicht mehr nach erdig-feuchtem Ton, sondern nach Holz und Harz duftet.

Der älteste Brennofen der Töpferei – die riesigen, begehbaren Töpferöfen haben mit den aus Volkshochschul-Töpferkursen bekannten kleinen Ausgaben nur den Namen gemein – beherbergt heute ein kleines Museum; ein zweiter Ofen versieht noch immer zuverlässig seinen Dienst. Und so wird hier mit Traditionen nicht gebrochen, denn diese werden mit anderen Mitteln fortgeführt und mit neuen Inhalten gefüllt.

# Begegnungen mit Künstlern und ihren Werken

**P**rofessor **Karl Otto Götz**, weltbekannt als Künstler **K. O. Götz**, und seine Frau Rissa leben und arbeiten seit 1975 in dem schönen Westerwaldort Niederbreitbach-Wolfenacker. K. O. Götz gilt als Hauptvertreter der abstrakten Kunst und des Informel

„Lilly-Ge" Mischtechnik auf Leinwand, K. O. Götz

in Deutschland. Als Spätwerk schuf er Arbeiten in Ton, Stahl, Holz und Luminografien.

Künstlerin Rissa war zunächst als Studentin, dann als Lehrbeauftragte und Dozentin sowie später als Professorin für Freie Kunst an der Kunstakademie Düsseldorf tätig. Viele heute bedeutende Künstler wurden sowohl von Professor Götz als auch von Rissa an der Kunstakademie in Düsseldorf ausgebildet. 1997 gründete das Malerehepaar die **K. O. Götz und Rissa-Stiftung**, so dass ihr künstlerisches Erbe auch künftig betreut und bewahrt werden kann. Schließlich sollen auch junge Künstler gefördert werden. 2009 wurde Rissa und K. O. Götz der Verdienstorden des Landes Rheinland-Pfalz für ihr kulturelles Engagement und ihr Gesamtwerk in der Mainzer Staatskanzlei verliehen.

Wir freuen uns sehr, dass wir für unser Buch zwei Abbildungen von Gemälden der beiden abdrucken dürfen.

Von den Arbeiten des Metallgestalters **Günter Matten** waren wir mehr als beeindruckt. Es fiel uns schwer, aus der Fülle seiner geschaffenen Werke spontan etwas auszuwählen. Eigentlich sind Kamine und Kaminöfen mit zeitlosem Design sein Markenzeichen. Aber auch die zahlreichen Wettbewerbsbeiträge und die „Kunst am Bau"-Entwürfe zeigen die Vielfalt seines Schaffens. Aus der Fülle der Arbeiten haben wir für unser Buch die Abbildung des Werkes für die Schiller-Schule in Höhr-Grenzhausen ausgewählt. Hierbei sagt uns besonders zu, dass die Schulhofgestaltung nicht nur gefällt, sondern auch mit echtem Nutzwert überzeugen kann.

„Wüstentochter" Öl auf Leinwand, Rissa

Wir sehen eine etwa 13 m lange Fläche, die mit farbigen, in der Mitte beweglich gelagerten Stahlplatten belegt ist. Sie soll die Jugendlichen ermuntern, spielend ihren Gleichgewichtssinn zu trainieren.

Günter Matten ist Sprecher der Jury des Bundesverbandes Kunsthandwerk, Mitglied der Zulassungsjury der Kunstmesse Mainz sowie der Eunique (Internationale Messe für Angewandte Kunst & Design, Karlsruhe). Er wurde mit zahlreichen Staats- und Designpreisen sowie internationalen Awards ausgezeichnet.

Jedes Jahr gewähren Künstler an bestimmten Wochenenden einen Einblick in ihre Ateliers. Schon zweimal haben wir die Gelegenheit genutzt, um uns die Werke von

Hans-Bernhard Olleck anzusehen. Nachdem er an der Staatlichen Fachschule für Keramik in Höhr-Grenzhausen und anschließend an der Fachhochschule Köln im Fachbereich Kunst und Design bei Professor Karl Burgeff Bildhauerei studierte, ist er seit 1986 als freischaffender Künstler tätig. Seit 1991 lehrt er außerdem an der Staatlichen Fachschule für Keramik in Höhr-Grenzhausen.

Viele Ausstellungen im In- und Ausland und zahlreiche „Kunst am Bau"-Projekte haben ihn als Bildhauer bekannt gemacht. Insbesondere wenn man durch Montabaur, Ransbach-Baumbach, Hamm, Dierdorf, Hachenburg und Bad Marienberg spaziert, trifft man auf viele seiner Werke.

Hans-Bernhard Olleck bietet Bronze- und Holzbildhauer-Workshops an, aber für interessierte Laien und Profis vermittelt er auch Bildhauertechniken in Stein, Gips und Ton. Diese Kurse werden häufig in Zusammenarbeit mit dem Arp Museum Rolandseck angeboten. Auch auf individuelle Wünsche wie Zeichnen wird gern eingegangen.

Als wir die neue Katalogreihe des Bildhauers **Hans Otto Lohrengel** aus Breitscheid-Siebenmorgen in Händen hielten, war für uns klar, dass wir uns einige seiner Skulpturen unbedingt in voller Größe ansehen wollen. Nach dem Studium der Bildhauerei, Bauplastik und Freien Kunst ist er seit 1983 erfolgreich freischaffend im

Schillerschule Höhr-Grenzhausen, Günter Matten

In- und Ausland tätig. Die Schwerpunkte seiner Arbeit sind Skulpturen im öffentlichen Raum in ortsbezogenen Entwürfen sowie Kopf-Silhouetten und Skulpturen aus Stahl, Bronze, Stein, Beton und Holz. Dabei geht es ihm immer um eine formale Reduzierung, hin zum Wesentlichen und Meditativen. Die Wellenform als Urelement, als Ursymbol der Erdgeschichte, ist die Grundform, das tragende Element seiner neueren Werkreihen. Die Gegenüberstellung von harmonischen und aggressiven Formelementen ist die Kernaussage.

Hans Otto Lohrengel ist mehrfacher erster Preisträger bei Kunst-am-Bau-Wettbewerben. Viele seiner Werke sind im öffentlichen Besitz. Als Abbildung für unser Buch haben wir uns schließlich für ein Ausstellungsprojekt in der Landesvertretung Rheinland-Pfalz in Berlin mit dem Titel „Stelen mit harmonischen und aggressiven Elementen" entschieden. Das Material des Werkes ist Lindenholz und Edelstahl mit den Maßen 26 – 36 – 200 cm.

„Stelen mit harmonischen und aggressiven Elementen", Hans Otto Lohrengel

Die Töpferin, Hans-Bernhard Olleck

# Mit Rudi in die Lüfte – Aus dem Flugbuch von Ulrich Triep

Wenn man den Westerwald von oben betrachten und sich einen Überblick verschaffen möchte, dann gibt es nur eins: man muss in die Luft gehen!

Bis vor wenigen Jahren war ich selbst aktiver Flieger. Das Fliegen im Verein in Ailertchen mit der clubeigenen Cessna war meine Leidenschaft. Als Pilot habe ich meh-

rere Jahre an jedem Wochenende die Fallschirmspringer in die Luft auf 3.000 m gebracht. Das Springen hat mich immer schon fasziniert und so musste ich es selbst ausprobieren. Zunächst sollte das korrekte Legen und Falten des Fallschirms erlernt werden und nach mehreren Übungen am Boden und unter Aufsicht von Rudi, der heute den Club leitet, konnte endlich das Springen selbst

# Mit Loretto zum Beulskopf – Aus dem Tagebuch von Ulrich Triep

gewagt werden. Da für Anfänger die Reißleine am Flugzeug angehängt wird, öffnet sich der Schirm automatisch und man hat Zeit genug, sich den schönen Westerwald von oben anzusehen. Das Gefühl kann man kaum beschreiben. Das Schweben und Gleiten ist mit nichts zu vergleichen. Fortgeschrittene können später selbst entscheiden, wann sie die Reißleine ziehen. Das geschieht aus Sicherheitsgründen spätestens bei 800 m Höhe.

Für Unerfahrene, die nur einmal das Vergnügen haben möchten, gibt es sog. Tandemsprünge, d. h. der erfahrene Springer steuert und der mutige Mitfallschirmspringer kann alles genießen.

Außer Fliegen gibt es nichts Schöneres als zu Fuß, mit dem Rad oder auf dem Rücken eines Pferdes durch den Westerwald zu streifen. Viele Wege sind ausgebaut und markiert. Ein besonderes Vergnügen war für meinen Freund und mich ein Tagesausritt. Mein Pferd Loretto stand bei ihm auf dem Hof in Hilgenroth. Trockenes, schönes Herbstwetter war gerade recht für einen Ausflug. Wir sattelten morgens unsere Pferde und konnten so gemeinsam die schöne Gegend um Altenkirchen herum zu Pferd erobern. Durch Wälder, Felder, den Ort Pfaffenseifen, weiter über Birkenbeul und dann zum Beulskopf ritten wir. Unterwegs machten wir noch auf zwei Höfen halt, um unsere Freunde zu begrüßen, die uns nie ohne eine leckere Brotzeit weiterreiten ließen. Unsere Pferde freuten sich ebenso, denn bei jedem Halt gab es einen Eimer Wasser und zur Belohnung eine Möhre oder einen Apfel. Am Beulskopf angekommen, banden wir unsere Pferde an, um den Raiffeisen-Aussichtsturm zu besteigen. Die Aussicht über den Westerwald ist überwältigend, vor allem bei klarer Sicht.

# Besondere Gärten

Viele schöne Gärten haben wir bei einer Kräuterwind-Gartenroute kennengelernt. Ob es sich um Klostergärten, spezielle Kräutergärten, biologisch geführte Nutzgärten, thematisch angelegte Gärten nach englischem Vorbild mit vielen Rhododendron-Büschen handelt oder den Garten der Familie Mann in Langenbach: Wir waren überall erstaunt und begeistert, mit wie viel Liebe und Sorgfalt alles gepflegt und gehegt wird.

An bestimmten Tagen im Jahr öffnen die Westerwälder Gartenfreunde ihre Tore und heißen die Öffentlichkeit in ihren Gärten willkommen. Bei **Familie Mann** in **Langenbach** ist dies sogar das ganze Jahr über möglich. Besuchen Sie doch einmal den rund 1.500 qm großen Schulgarten direkt neben dem alten Schulhaus von 1926. Markus Mann hat das alte Gebäude, in dem er früher die Schule besucht hat, von 2007–2010 restaurieren lassen. Es ist ein Schmuckstück und dient nun auch der Gemeinde für Sitzungen und Feierlichkeiten. Der Schulgarten ernährte früher die Lehrerschaft.

Frau Mann und auch die Töchter kümmern sich rührend um die Gartenanlage. Als wir einmal unangemeldet – auch das ist gestattet und erwünscht – hereinspazierten, kam sofort die ältere Tochter auf uns zu und zeigte uns die verschiedenen Sträucher und Bäume. Wir durften sogar von den gerade reifen Johannisbeeren naschen. Kräuter- und Gemüsebeete wechseln sich gekonnt ab

Kleiner Fuchs

Admiral

Schwalbenschwanz

Russischer Bär

mit Blumen und Wiesen mit einladender exklusiver Sitzbank. Mit etwas Glück können Sie dort die unterschiedlichsten Schmetterlinge sehen und bewundern.

Ein Imker hat hier zudem seine Bienenvölker aufgestellt, die die Bestäubung der zwölf heimischen Obstsorten sicherstellen. Erklärende Tafeln dazu gibt es reichlich. Es ist eine Oase der Ruhe, die nicht nur schön aussieht, sondern auch nützlich ist.

# Der Holzreichtum des Westerwalds

Der Westerwald besitzt einen hohen Bestand an Wäldern. Der Holzreichtum wurde schon seit Generationen für die Herstellung von Bauten, Möbeln und anderen Gegenständen genutzt, so auch durch die Familie Mann in Langenbach, die schon vor 100 Jahren mit einem Drechslereibetrieb ihren Lebensunterhalt verdiente.

Der heutige Nachfahre, der ideenreiche Unternehmer **Markus Mann**, hat seit Ende der 1990er-Jahre an diese Tradition angeknüpft und sie zeitgemäß weiterentwickelt. Als einer der ersten Industrieunternehmer in Deutschland beschloss er, für Heizungen, Heizkessel, Öfen und Kamine neue Brennmaterialien aus Holz herzustellen – die Holzpellets.

Dazu werden die in den Holzverarbeitungsbetrieben des Westerwalds anfallenden Holzspäne und andere Sägenebenprodukte verwendet. Es müssen keine Bäume zusätzlich gefällt werden.

Die Holzreste werden zerkleinert und getrocknet, um dann in Pressen zu Premium-Holzpellets geformt zu werden. Selbstverständlich stammen alle Rohstoffe aus nachhaltiger Waldwirtschaft und werden mit grünem Strom und grüner Wärme hergestellt.

Holzwirtschaft

# Vidal Feinkost – die 1. Westerwälder Lachs-Räucher-Manufaktur in Staudt

**A**us den Fjorden Norwegens, den Küsten der Shetland Inseln, dem Pazifik und den Flüssen Alaskas werden die besten Lachse ihrer Art fangfrisch in die **Staudter Manufaktur Vidal** geliefert, um dort fachkundig verarbeitet zu werden. Qualität hat hier oberste Priorität. Diese garantiert Vidal durch den erstklassigen Einkauf auf international bedeutenden Märkten und die Einhaltung der definierten HACCP-Richtlinien sowie gelebtes, lückenloses Qualitäts-Management.

Das Vidal-Motto „Wir lieben, was wir tun und wir wissen, was wir tun" beinhaltet die beiden Voraussetzungen, um erfolgreich erstklassige Produkte herzustellen. Denn die Leidenschaft und die Erfahrung machen den Unterschied der Vidal-Lachsspezialitäten aus. Hier gibt es keine Massenware, sondern der qualitativ hochwertige Fisch wird traditionell handwerklich bearbeitet. Dazu gehört die klassische Hand-Trockensalzung mit naturbelassenem Meersalz genauso wie die anschließen-

de langsame Räucherung. Bei Kaltrauchware wie dem klassischen Räucherlachs dauert der Räuchervorgang mit Buchenholz 10–12 Stunden bei ca. 22 °C. Heißrauchware wie Stremel-Lachs, Butterfisch, Aal oder Forelle wandert kürzer durch den Räucherofen, dafür bei einer Hitze von 70–80 °C. Graved Lachs hingegen ruht mindestens 36 Stunden in einer speziellen Beize mit Kräutern und Gewürzen.

Durch diese zeitintensiven Verarbeitungsmethoden erhält der Fisch seine einzigartige Note und zergeht auf der Zunge, fest und gleichzeitig zart. Aber das ist noch lange nicht alles: Zu seinem exquisiten ursprünglichen Aroma kommen die hauseigenen Geschmacks-Kompositionen mit kostbaren Gewürzen und erlesenen Zutaten wie z. B. Wildblumen, Rotholz, Noriblätter, Trüffel, Zitronenpfeffer oder auch Pesto. Ein besonderes Highlight zu Festtagen ist der „Vidal-Goldlachs", der mit echtem Blattgold veredelt ist. So entstehen Delikatessen, wie sie nur aus einer echten Räucher-Manufaktur kommen können.

Diese hohe Kunst der Fischveredelung können Sie nun auch selbst erleben. Das im September 2014 eröffnete **Bistro „Vidals Pier 15"** mit Manufakturverkauf bietet ein Angebot, dass das Herz eines jeden Fischliebhabers höher schlagen lässt. Die angebotene Auswahl an Räucherfisch und Fischspezialitäten lässt kaum einen Wunsch unerfüllt. Die Frischetheke hält unterschiedlichen tagesaktuellen Frischfisch bereit. Auch Räucherfischplatten für Feiern und Veranstaltungen können bestellt werden.
Zwei leckere warme Gerichte (mit und ohne Fisch) laden mittags zum Essen ein.

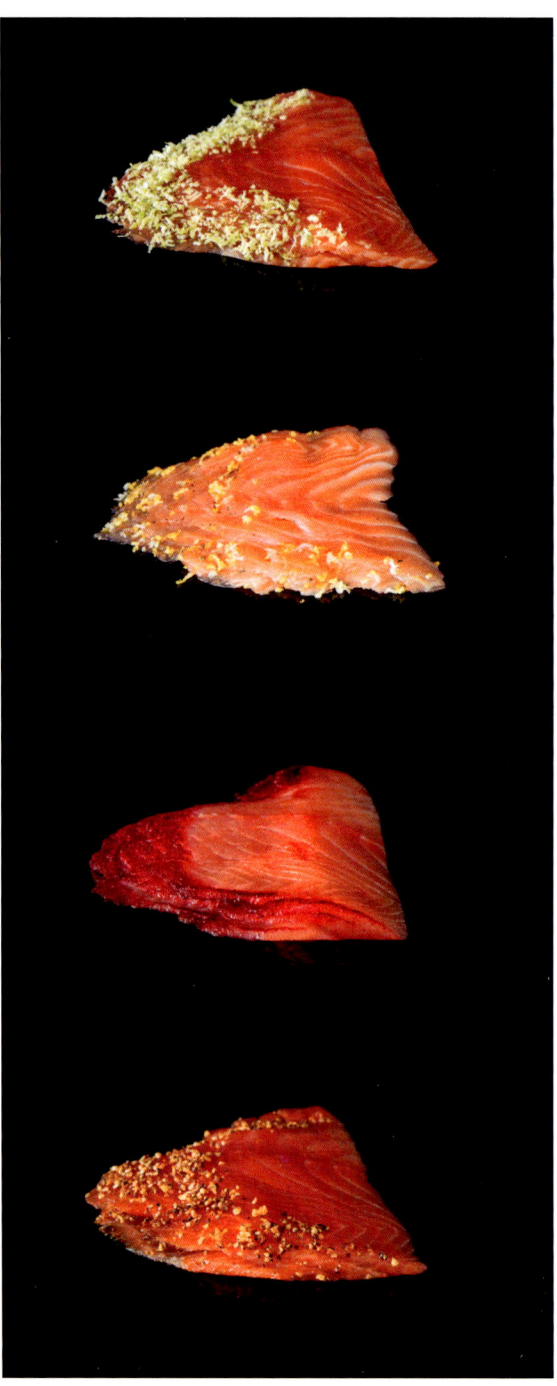

Vidal Räucher-Lachsspezialitäten

# Traditionelle und neue Westerwälder Rezepte

Soweit in den Rezepten nichts anderes vermerkt ist, sind die Zutaten für vier Personen berechnet.

## Zum Aperitif

## Salate, Suppen und kleine Gerichte

## Fisch

## Hauptgerichte mit Fleisch und Wild

## Vegetarische Genüsse

## Süßspeisen

## Konserviertes und Getränke

## Backwaren

## Gewürze 180

# Zum Aperitif

## Kleine Windbeutel – gefüllt mit Bärlauchbutter

**Für die Bärlauchbutter:**

| | |
|---|---|
| 125 g | Butter |
| 50-60 g | Bärlauch |
| 1 EL | Öl |
| | Salz |
| ½ | unbehandelte Zitrone oder Limette |
| 2-3 EL | Quark |

**Für die Windbeutel:**
Für 15-16 Stück

| | |
|---|---|
| 25 g | Butter |
| 1 Msp. | Salz |
| 75 g | Mehl, vorzugsweise Dinkelmehl |
| 2 | Eier |

Die Butter frühzeitig aus dem Kühlschrank nehmen, damit sie weich ist. Den Bärlauch waschen, trocken tupfen und mit Butter, Öl, Salz, 2 Teelöffeln Zitronensaft und etwas abgeriebener Zitronenschale pürieren. Den Quark unterrühren und abschmecken. Abgedeckt in den Kühlschrank stellen.

Das Backblech leicht mit Butter einfetten. Den Backofen auf 220 °C Ober- und Unterhitze vorheizen. Für die Windbeutel 125 ml Wasser mit Butter in einem Topf zum Kochen bringen. Das Mehl auf einmal in die kochende Flüssigkeit schütten und zu einem Kloß abbrennen. Am Topfboden muss eine dünne weiße Schicht sichtbar sein.

Den Topf vom Herd nehmen. Den Inhalt in eine Schüssel umfüllen und zuerst ein Ei mit einem Holzlöffel unter die Masse rühren, dann das restliche Ei. Jedes Ei muss sehr gut untergearbeitet und vollständig vom Teig aufgenommen sein. Die Masse ist perfekt, wenn sie geschmeidig ist und glänzt.

Entweder den Teig in einen Spritzbeutel mit Sterntülle füllen und mit Abstand kleine Rosetten auf das Blech spritzen oder mit einem Teelöffel den Teig in sehr kleinen Häufchen daraufsetzen. Die kleinen Windbeutel auf der mittleren Einschubleiste von unten 10 Minuten backen, dann auf 210 ° C stellen und weitere 8 Minuten im Backofen belassen. Die fertigen Windbeutel aus dem Ofen nehmen, aufschneiden und auskühlen lassen.

Die Windbeutelchen mit 1 Teelöffel voll Kräuterbutter füllen und den Deckel auflegen.

Möglichst sofort servieren!

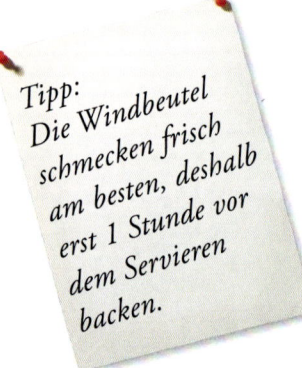

Tipp:
Die Windbeutel schmecken frisch am besten, deshalb erst 1 Stunde vor dem Servieren backen.

# Blätterteigspiralen

| | |
|---|---|
| 275 g | Blätterteig |
| 80 g | harter oder mittel-harter Käse |
| 2 | Eigelbe |
| 2 TL | Bärlauchsenf |
| 8-10 | dünne Würste, vorzugsweise luftgetrocknete |

**zum Bestreichen:**

| | |
|---|---|
| 1 | Eigelb |
| 1 EL | Milch |
| | Sesamkörner oder Mohn |

Den Blätterteig aus der Verpackung nehmen. Ein Blech mit Backpapier auslegen. Den Backofen auf 200–210 °C vorheizen.

Den Käse reiben. Das Eigelb mit Käse und Senf vermischen. Den Blätterteig damit bestreichen und Streifen von etwa 2 cm Breite schneiden. Die Würste damit umwickeln und auf das Blech legen. Eigelb und Milch verrühren und das Gebäck mit dem Gemisch bestreichen und mit Sesam oder Mohn bestreuen.

Im Backofen auf der mittleren Schiene etwa 20 Minuten backen.

# „Gehobene" Kartoffelplätzchen mit Wildschinken

| | |
|---|---|
| 500 g | Kartoffeln |
| 50 g | Breimehl (gerösteter und gemahlener Hafer) |
| 15 g | Hefe |
| | Salz |
| ½ | Zwiebel |
| | einige Esslöffel Milch |
| | Öl zum Braten |

**Für den Belag:**

| | |
|---|---|
| 100 g | in dünne kleine Scheiben geschnittener Wildschinken |
| 4 | eingelegte Gewürz-gurken |

Die Kartoffeln waschen, schälen und reiben. Breimehl, Hefe und Salz unterrühren, etwa 2 Stunden gehen lassen. Die Zwiebel abziehen, fein hacken und zufügen. Sollte der Teig zu fest sein, etwas Milch zugeben.

Kleine Kartoffelplätzchen von etwa 5 cm Durchmesser formen. Das Öl in einer großen Pfanne erhitzen und die Kartoffelplätzchen beidseitig leicht braten.

Jeweils eine gerollte Schinkenscheibe und eine Scheibe Gurke mit einem Spieß auf die Kartoffelplätzchen stecken.

Tipp:
Anstelle der Gewürz-gurkenscheiben gebratene kleine Pfifferlinge oder Steinpilzscheiben. Passend zum Wild-schinken sind auch süß-sauer eingelegte Kürbisstücke und ein glattes Petersilienblätt-chen.

# Geflügelleber-Canapés

| | |
|---:|---|
| 250 g | Geflügelleber |
| 1 TL | Mehl |
| 1 | Frühlingszwiebel |
| 1 | Schalotte |
| 1 EL | Öl |
| 2 EL | Butter |
| | Kräutersalz |
| | frisch gem. Pfeffer |
| 2 TL | Wildpreiselbeeren |
| | (Glas) |
| 1 EL | Wildfruchtsaftlikör |
| | nach Belieben |
| 1 Zweig | frischer Majoran |

Die Geflügelleber waschen, trocken tupfen, von Häuten und Sehnen befreien und klein schneiden, ganz leicht mit Mehl bestäuben. Die Frühlingszwiebel waschen und in sehr kleine Ringe schneiden. Die Schalotte abziehen und hacken.

Das Öl in einer Pfanne erhitzen, einen Esslöffel Butter zufügen. Die Schalotte darin 2 Minuten unter Rühren andünsten. Die Leber zufügen und 3–4 Minuten unter Rühren leicht braten. Vom Herd nehmen und die Leber pürieren. Die restliche Butter und die Frühlingszwiebel unterrühren. Mit Kräutersalz, Pfeffer, Wildpreiselbeeren und nach Belieben mit Wildfruchtsaftlikör abschmecken.

Auf geröstete kleine Brotscheiben streichen und mit Majoranblättchen garnieren.

# Haselnussscheiben mit Kornblumenblüten

**Eine Kastenform von 25 cm Länge für 40-50 hauchdünne Scheiben**

| | |
|---:|---|
| 3 gr. | Eier |
| 2 TL | brauner Rohrzucker |
| | Salz |
| 100 g | Weizenvollkornmehl |
| 100 g | Dinkelmehl, Type 630 |
| 50 g | Roggenvollkornmehl |
| 200 g | ganze Haselnüsse |
| 2-3 TL | getrocknete Kornblumenblüten |

Die Eier aufschlagen und mit Zucker und Salz verrühren. Das Mehl mischen und mit Haselnüssen und Kornblumenblüten unterrühren.

Den Backofen auf 180 °C Ober- und Unterhitze vorheizen. Eine Kastenform mit Backpapier auslegen. Den festen Teig hineingeben, glatt streichen und im Backofen auf der mittleren Schiene 60 Minuten backen.

Nach dem Herausnehmen für etwa 8 Stunden in ein feuchtes Küchentuch wickeln. Das Brot dünn in etwa 2-4 mm Scheiben aufschneiden. Zum Aperitif reichen!

*Tipp:*
*Dieses hauchdünne Gebäck kann auch eingefroren werden. Einen Qualitätsverlust konnte ich nicht feststellen. Nicht nur zum Aperitif, sondern auch für einen Käseabend eignen sich diese trockenen, knusprigen Haselnussscheiben ausgezeichnet.*

# Mürbes Käsegebäck mit Mädesüß

| | |
|---|---|
| 60 g | fester Ziegenkäse |
| 60 g | Dinkelmehl, Type 630 |
| 60 g | Weizenvollkornmehl |
| 1 TL | Backpulver |
| | Salz |
| 1 Msp. | Zucker |
| 1 TL | getrocknetes Mädesüß |
| 60 g | Butter |
| 60 ml | Milch |

**Zum Bestreichen des Gebäcks:**

| | |
|---|---|
| 1 | Eigelb |
| 1 EL | Milch |

Den Ziegenkäse reiben. Die beiden Mehlsorten in einer Schüssel mischen. Backpulver, Salz, Zucker und Mädesüß unterrühren. Die kalte Butter zufügen und abbröseln. Den Käse zufügen. Die Milch angießen und schnell zu einem geschmeidigen Teig verkneten.

Den Backofen auf 195 °C Ober- und Unterhitze vorheizen. Ein Blech mit Backpapier auslegen.

Den Teig ausrollen und mit einer nach Möglichkeit gezackten Ausstechform von 5–6 cm Durchmesser Taler ausstechen. Auf das Blech verteilen. Das Eigelb mit Milch verquirlen und das Gebäck damit bestreichen.

Im Backofen auf der mittleren Einschubleiste etwa 15 Minuten backen.

Mädesüß (*Filipendula ulmaria*) war eine der wichtigsten Pflanzen der Kelten. Die anderen drei sind Brunnenkresse, Eisenkraut und Mistel. Sie wurde und wird häufig noch dem Met zugesetzt und zwar als Aromatikum und zur Haltbarmachung. Daher wohl auch der Name „Metsüße". Die winterfeste, mehrjährige Pflanze wird etwa 80–180 cm groß.
Im frühneuzeitlichen England wurden die Blüten in Wein gekocht. Sogar dem elisabethanischen Bier wurde es neben anderen Kräutern beigemengt. Außerdem war es ein beliebtes Färbemittel.

Für die Medizin war Mädesüß interessant, da die Blütenknospen einen entzündungshemmenden Wirkstoff haben. In unseren Breiten wächst das echte Mädesüß vor allem an Bächen und auf Feuchtwiesen. Wer die interessante Pflanze, u. a. auch unter dem Namen „Wiesenkönigin" bekannt, im Juni, Juli und August im Westerwald nicht selbst suchen möchte, kann sie bei bestimmten Züchtern erwerben, getrocknet erhält man sie auch in Apotheken. Die hübsche Pflanze wird auch gern im Kräuterstrauß zu Maria Lichtmess eingebunden.

# Salate, Suppen und kleine Gerichte

### Gegrillter Pilzsalat

| | |
|---|---|
| 300–400 g | Pilze, vorrangig Steinpilze |
| 1 | Knoblauchzehe |
| 6 EL | Rosmarinöl |
| | einige Blättchen Rauke |
| 6 | Kirschtomaten |
| 2-3 EL | Apfelessig |
| | Rauchsalz |
| | frisch gem. Pfeffer |
| 40 g | Hartkäse |

Die Pilze trocken abtupfen, eventuell auch mit dem Pinsel putzen. Bei starker Verschmutzung mit einem feuchten Tuch abwischen. Die Knoblauchzehe abziehen, hacken und zu dem Rosmarinöl geben. Die Rauke waschen und putzen. Die Kirschtomaten waschen und halbieren. Die Pilze in Scheiben schneiden und mit 3 Esslöffel Rosmarinöl einpinseln.

Den Grillrost vorheizen. Apfelessig mit Salz und Pfeffer verrühren. Das restliche Rosmarinöl zufügen. Die Pilze nur kurz, etwa 2 Minuten, beidseitig grillen. Auf Tellern zusammen mit Kirschtomaten und Rauke anrichten. Mit der Essig-Öl-Marinade beträufeln und den gehobelten Käse darübergeben.

Bei einer Pilzschwemme ist es ratsam, sich einen kleinen Wintervorrat anzuschaffen. Nach dem Putzen der Pilze diese in Stücke schneiden und im vorgeheizten Backofen mit Umluft bei etwa 50 °C trocknen, bis sie geschrumpft sind. Nach dem Abkühlen am besten in verschlossenen Gläsern aufbewahren und mit Datum beschriften.
Pilzsaucen, Fleischsaucen und vor allem auch Wildsaucen erhalten noch mehr Aroma.

Beim Sammeln im Wald sollte man immer einige Pilze stehen lassen und nicht alle ernten. Viele Pilze stehen unter Naturschutz, deshalb nur für den Eigenverbrauch mit nach Hause nehmen.

Tipp:
Alternativ können Sie die Pilze auch kurz in einer Pfanne braten.

# Frühlingskräutersuppe

2 Hände voll frische Kräuter wie Giersch, Vogelmiere, Pimpernelle, Bärlauch, Brennnessel, Löwenzahn, Spitzwegerich, Sauerampfer, Taubnessel, Gänseblümchen

|        |                       |
| ------ | --------------------- |
| 1      | Zwiebel               |
| 1      | Knoblauchzehe         |
| 50 g   | Butter                |
| 1 ½ EL | Dinkelmehl            |
| 400 ml | Geflügelbrühe         |
| 400 ml | Gemüsebrühe           |
| 125 ml | Sahne                 |
| 75 ml  | Schmand               |
|        | Salz                  |
|        | frisch gem. weißer    |
|        | Pfeffer               |
| 1      | Eigelb                |

Die Kräuter waschen. Die Blättchen von den Stielen zupfen und hacken. Einige Gänseblümchen für die Garnitur zurückbehalten. Die Zwiebel und den Knoblauch abziehen und hacken.

Die Butter in einem Topf leicht erhitzen. Die Zwiebel darin andünsten. Den Knoblauch zufügen. Mit Dinkelmehl bestäuben, durchschwitzen lassen und mit Geflügel- und Gemüsebrühe ablösen. 6 Minuten köcheln lassen. Die Kräuter zugeben, nur kurz ziehen lassen und vom Herd nehmen. Mit dem Mixstab pürieren. Sahne und Schmand zufügen. Mit Salz und Pfeffer würzen, mit Eigelb legieren und Gänseblümchen garnieren.

**Tipp:**
Frischen Bärlauch mit Butter pürieren und mit Salz, wenig Zitronensaft und unbehandelter Zitronenschale würzen. Mit einem Spritzbeutel Rosetten auf ein Tablett spritzen und einfrieren, dann in Gefrierbeutel füllen und nach Bedarf entnehmen.

Alternativ frischen Bärlauch grob schneiden und mit Raps-, Sonnenblumen- oder Olivenöl pürieren. Mit etwas Salz würzen, in ein Schraubglas geben und fingerdick mit Öl bedecken. Hält sich im Kühlschrank einige Monate und Sie haben immer ein ausgezeichnetes Würzmittel für Saucen, Suppen und Nudeln; verlängert mit Quark auch einen leckeren Brotaufstrich.

*Tipp:*
*Zuviel gesammelte Kräuter können Sie trocknen. Dazu kleine Mengen zusammenbinden und luftig aufhängen. Um den Trocknungsvorgang zu beschleunigen, können Sie die Kräuter in den auf 40 °C eingeschalteten Backofen geben. Bereit für das Aufbewahren sind die Sträuße, wenn die Stängel leicht zerbröseln und die Kräuterblätter rascheln.*

# Herbstliche Suppe

| | |
|---|---|
| 1 gr. | Zwiebel |
| 500 g | Kartoffeln |
| 1-2 | Pastinaken |
| 1 Stg. | Lauch |
| 300 g | Kürbis, nach dem Putzen etwa 200 g |
| 2 EL | Rapsöl |
| 30 g | Butter |
| 1 l | Gemüsebrühe |
| | Salz |
| 3 EL | Schmand |
| | frisch gem. Pfeffer |
| | abgeriebene Muskatnuss |
| 4 EL | gehackte Haselnüsse |

Die Zwiebel abziehen und hacken. Kartoffeln, Pastinake, Lauch und Kürbis waschen. Die Kartoffeln schälen, die Pastinake schaben und alles grob zerteilen. Den Lauch in Ringe schneiden. Den Kürbis wenn nötig schälen, Kerne entfernen und das Fruchtfleisch in Stücke schneiden.

Das Öl in einem weiten Topf erhitzen. 20 g Butter zufügen. Den Lauch darin andünsten. Kartoffeln und Kürbis zufügen. Nach etwa 5 Minuten mit der Brühe ablöschen und salzen. Etwa 15 Minuten kochen lassen. Mit dem Schneidstab pürieren. Den Schmand zufügen und mit Salz, Pfeffer und Muskatnuss abschmecken.

Die restliche Butter mit den Haselnüssen in eine Pfanne geben und leicht rösten lassen.

Die Suppe auftragen und die gerösteten Haselnüsse darüber geben.

**Tipp:**
Ob Sie sich für ein Stück Kürbis „Muscade de Provence", „Butternut", „Baby Bear" oder den beliebten „Hokkaido" entscheiden, bleibt Ihnen überlassen. Der Vorteil beim Hokkaido ist, dass sich das Schälen erübrigt. Er wurde übrigens auf der japanischen Insel Hokkaido gezüchtet, deshalb sein Name. Sein Gewicht schwankt zwischen 1 und 2 kg und eignet sich gerade für eine Familie, wenn Sie ein Hauptgericht daraus machen möchten. Das nussige Aroma passt fast immer und harmoniert mit vielen Gewürzen.

## Carpaccio aus Roter Bete mit Wäller Knuppe

| | |
|---|---|
| 500 g | Rote Bete |
| 3 ½ EL | Rotweinessig |
| 1-2 | Zweige frischer Estragon |
| | Salz |
| 1 TL | brauner Roh-Rohrzucker |
| | frisch gem. schwarzer Pfeffer |
| 3 EL | Walnussöl, ersatzweise Rapsöl |
| 1 | Handvoll Rote Rettichkresse |
| 4 kleine | Ziegenkäse, vorzugsweise Wäller Knuppe |

Die Rote Bete waschen. Etwa 1 l Wasser und 2 Esslöffel Rotweinessig zum Kochen bringen. Die Rote Bete hineingeben. 45–50 Minuten kochen lassen, bis sie weich, aber noch bissfest sind. Vom Herd nehmen und auskühlen lassen. Den Estragon waschen und die Blättchen von den Stielen zupfen.

Die Rote Bete schälen und in dünne Scheiben schneiden. Den restlichen Rotweinessig mit Salz, Zucker und Pfeffer verrühren. Das Öl unter Rühren zufügen.

Die Rote Bete dachziegelartig auf einer Platte anrichten und mit der Vinaigrette übergießen. Mit Estragonblättchen und Roter Rettichkresse garnieren. Den Ziegenkäse dekorativ darauf anrichten.

Nach Belieben die kleinen Ziegenkäse kurz unter den Grill geben.

Tipp:
Wäller Knuppe ist ein halbfester, lecker gewürzter Ziegenkäse. Der Geschmack ist mild und doch angenehm aromatisch. Ersatzweise können Sie aber auch jeden anderen Ziegenkäse verwenden.

# Geräucherter Lachs mit Walnuss-Aioli und Feldsalat

| | |
|---|---|
| 200 g | geräucherter Lachs |

**Für die Walnuss-Aioli:**

| | |
|---|---|
| 4 | Walnüsse |
| 1 | Knoblauchzehe, möglichst frisch |
| 1 | Eigelb |
| | Salz |
| | frisch gem. weißer Pfeffer |
| 1 Msp. | gem. Kurkuma |
| 1 TL | Chiliöl |
| 50 ml | Walnussöl |
| 50 ml | Olivenöl |
| 3 EL | Sahne |

**Für den Feldsalat:**

| | |
|---|---|
| 50 g | Feldsalat |
| 1 EL | Weißweinessig |
| | Salz |
| 1-2 Msp. | Zucker |
| 1-2 EL | Gemüsebrühe |
| 30 ml | Sonnenblumenöl |
| | |
| 4 | Scheiben Vollkornbrot |

Zunächst die Walnuss-Aioli herstellen.

Die Walnüsse aufknacken, grob hacken und in einer Pfanne ohne Fett leicht rösten, ohne dass sie schwarz werden. Aus der Pfanne nehmen und abkühlen lassen. Den Knoblauch abziehen und zerdrücken. Das Eigelb mit Salz, weißem Pfeffer, Knoblauch und Kurkuma verrühren. Das Chiliöl unter rühren zufügen, dann nach und nach zunächst nur tropfenweise Walnuss- und Olivenöl hinzufügen. Die Sahne unterrühren, evtl. leicht schlagen und die Walnüsse unterziehen.

Den Feldsalat waschen und putzen. Weißweinessig mit Salz, Zucker und Gemüsebrühe verrrühren. Das Sonnenblumenöl zufügen. Den Feldsalat kurz darin marinieren.

Auf je einer Schwarzbrotscheibe den Lachs gefällig anrichten. Etwas von den Feldsalatblättchen dazulegen und mit der Walnuss-Aioli ergänzen.

Für dieses Gericht beziehe ich den Lachs bei Vidal Feinkost, der 1. Westerwälder Lachs-Räucher-Manufaktur in Staudt. Verfeinert mit Kräutern und Gewürzen auf einem Vollkornbrot ist es ein unübertroffener Genuss.

# Fisch

## Wäller Festtagskarpfen

| | |
|---|---|
| 1,2 kg | Karpfen |
| 50 ml | Apfelessig, Salz |
| 1 | große Zwiebel |

**Suppengemüse bestehend aus:**

| | |
|---|---|
| 1 | Mohrrübe |
| 1 Stück | Sellerieknolle |
| 1 | Petersilienwurzel |
| ½ | Lauchstange |
| 3 EL | Sonnenblumenöl |
| 350 ml | Rotwein |
| 50 g | Lebkuchenkrümel |
| 50 g | Schwarzbrotkrümel |
| je 5-6 | schwarze Pfeffer- und Pimentkörner, zerdrückt |
| ½ | Zimtstange |
| ½ TL | getr. Thymian |
| 1 Stück | unbehandelte Zitronenschale |
| je 1 EL | Holundergelee und Hagebuttenmarmelade |
| 40 g | Rosinen |
| 6 | Backpflaumen |
| 40 g | Mandelstifte |
| 25 g | Butter |
| 20 g | Mehl |

Den Karpfen waschen, mit Essig säuern und salzen. Die Zwiebel abziehen und hacken. Das Gemüse waschen und klein schneiden.

Das Öl in einem Fischkessel oder Topf erhitzen. Die Zwiebel hineingeben und einige Minuten dünsten. Nun das Suppengemüse zugeben und weiterdünsten. Die Hälfte des Rotweins angießen. Die Lebkuchen- und Schwarzbrotkrümel zufügen, ebenso die Gewürze und den Gelee. ½ l Wasser angießen, 10–12 Minuten bei geringer Temperatur kochen lassen und durch ein Sieb streichen. Zurück in den Topf geben, die Rosinen, Backpflaumen, Mandelstifte und den Rest des Weins zufügen.

Den Karpfen hineinlegen und bei niedriger Temperatur etwa 45 Minuten mehr simmern als kochen lassen. Den Fisch vorsichtig herausnehmen und warm halten. Butter und Mehl verkneten und in die Sauce rühren. Kurz aufkochen lassen und gut abschmecken.

Den Fisch auf einer großen vorgewärmten Platte mit der Hälfte der Sauce anrichten, die andere Hälfte der Sauce separat servieren.

*Tipp:*
*Anstelle des Rotweins wird auch gern zur Hälfte dunkles Bier genommen. Sollten Sie den Karpfen in Stücke schneiden, so verringert sich die Garzeit auf etwa 20 Minuten.*

# Bachsaibling mit Champignons

| | |
|---:|---|
| 2 | Bachsaiblinge, küchenfertig |
| 180 g | braune Champignons |
| 2-3 | Tomaten |
| 1 | Lorbeerblatt |
| ½ – 1 TL | Fenchel |
| 1 Msp. | getr. Thymian |
| | Salz |
| | frisch gem. weißer Pfeffer |
| 600 ml | trockener Weißwein |
| 2 kl. | Zweige glattblättrige Petersilie |
| | |
| | Butter für die Form |

Die Saiblinge kurz unter fließendem Wasser abspülen und mit Küchenpapier trocken tupfen. Die Fische filetieren oder dies schon vom Fischhändler erledigen lassen.

Den Backofen auf 175 °–180 °C vorheizen. Die Champignons putzen und in Scheiben schneiden. Die Tomaten waschen, vom Blütenansatz befreien und ebenfalls in Scheiben oder Stücke schneiden.

Eine Auflaufform leicht mit Butter ausstreichen. Champignons, Tomaten und Saiblingfilets heingeben. Das Lorbeerblatt zufügen, mit Fenchel, Thymian, Salz und Pfeffer würzen. Den Wein angießen und mit Alufolie abdecken.

Im Backofen, mittlere Schiene, etwa 40 Minuten garen. Die Petersilie waschen, trocken tupfen und das fertige Gericht damit garnieren.

**Tipp:**
Beim Einkauf achten Sie auf klare Augen und leuchtend rote Kiemen, dann haben Sie ein frisches Exemplar.
Saiblinge schmecken nicht nur pochiert, sondern sind auch gebraten oder gegrillt sehr lecker. Eigentlich können Sie die Fische wie Forellen zubereiten. Sollten Sie also die aus Nordamerika stammenden Bachsaiblinge nicht bekommen, so können Sie sich auch für eine Regenbogenforelle entscheiden. Eventuell sollten Sie dann vier kleinere Forellen kaufen.
In sauerstoffreichen Fließgewässern fühlen sich die Bachsaiblinge am wohlsten, werden aber auch häufig gezüchtet.

# Kräuterforellen

| | |
|---|---|
| 4 | Forellen |
| | getrocknete Kräuter |
| | wie Apfelminze, Ysop, |
| | Minze, Ringelblume, |
| | Kornblume, Melisse, |
| | Thymian |
| 40 g | Butter |
| | Salz |
| | frisch gem. Pfeffer- |
| | mischung, weiß, |
| | schwarz, rote Beeren |
| 1 | unbehandelte Zitrone |
| 150 ml | trockener Weißwein |
| 125 ml | Fischbrühe, |
| | ersatzweise Wasser |

**Für die Mehlbutter:**

| | |
|---|---|
| 1 EL | Mehl |
| 20 g | Butter |
| | frische Kräuter wie |
| | Estragon oder |
| | Schnittlauch |

Den Backofen auf 200 °C Ober- und Unterhitze vorheizen.

Die Forellen innen und außen waschen und trockentupfen. Die Kräuter mit der Butter verkneten, in die Bauchhöhle der Fische geben, salzen, pfeffern und nebeneinander in eine genügend große Auflaufform legen.

Die Zitrone heiß abwaschen, in Scheiben schneiden und auf die Fische legen. Den Wein und Fischbrühe angießen, mit Alufolie abdecken und im Backofen, mittlere Schiene etwa 35 Minuten garen.

Die Garflüssigkeit in einen kleinen Topf abgießen und mit etwas Mehlbutter andicken. Mit frischen Estragonblättchen oder Schnittlauchröllchen bestreut servieren.

**Tipp:**
Dazu passen Salzkartoffeln oder Reis.
Etwas ausgefallener ist folgende Beilage: Gehackte Zwiebeln, kleingeschnittene Mohrrüben und ein Stückchen in Ringe geschnittener Lauch in Öl und Butter andünsten. Gekochte Dinkelkörner zufügen, kurz durchdünsten und mit Gemüsebrühe ablöschen, etwas einkochen lassen. Mit Rauchsalz und Pfeffer würzen. Frische Kräuter runden das Ganze ab.

# Rauchmatjesfilets mit Äpfeln und Senfgurken

**Für das Dressing:**

| | |
|---|---|
| 2 | Zweige Dill |
| 1 TL | Kastanienhonig |
| 2 TL | Aprikosensenf |
| 3 EL | mildes Raps- oder Sonnenblumenöl |
| | Salz |
| | frisch gem. schwarzer Pfeffer |

| | |
|---|---|
| 1 großer oder 2 kl. | rotbackige Äpfel |
| 1-2 TL | Zitronensaft |
| 2-3 | Senfgurken |
| 6-8 | Rauchmatjesfilets, smoky |

Für das Dressing den Dill waschen, hacken und mit den anderen Zutaten verrühren, etwas Dill für die Garnitur zurückbehalten.

Die Äpfel waschen, vom Kerngehäuse befreien und in Spalten schneiden. Mit wenig Zitronensaft beträufeln, damit sie nicht braun werden. Die Senfgurken in Stücke schneiden. Die Matjesfilets längst in Streifen schneiden.

Entweder portionsweise anrichten oder zusammen auf einer großen Platte die Matjesfilets mit Apfelstücken und Senfgurken arrangieren und mit Dressing beträufeln. Mit Dillzweiglein garnieren.

**Tipp:**
Dazu gibt es kleine runde Schwarzbrottaler, hauchdünn bestrichen mit Meerrettichbutter. Etwa 40 g weiche Butter mit 2 TL Meerrettich aus dem Glas verrühren.
Rauchmatjesfilets reifen in einer feinen Rauchsalzlake und sind eine Delikatesse.

Das ganze Jahr über schmeckt Matjes gut. Aber besonders am Aschermittwoch, wenn alles vorbei ist und die katholische Fastenzeit beginnt, gibt es traditionell Fisch. Karneval – oft scherzhaft als *Carne vale* („Fleisch lebe wohl") gedeutet – gab den Anlass für leckere Fischgerichte.
Eines davon ist Matjes in allen Variationen.

*Tipp:*
*Für dieses Gericht bevorzuge ich die Apfelsorte „Gravensteiner". Eine alte Sorte mit einzigartigem Duft und Aroma oder „Gloster" mit dezenter Säure, der sich übrigens gut zum Lagern eignet.*

## Wäller Wiesenkräuterfladen mit geräuchertem Forellenfilet

**Für den Teig:**

| | |
|---|---|
| 300 g | Dinkelvollkornmehl und Emmer gemischt |
| oder | auch nur Weizenvollkornmehl |
| 40 g | Hefe |
| 1 TL | Zucker |
| 4 EL | Rapsöl |
| | Salz |

**Für den Belag:**

| | |
|---|---|
| 2 | Zwiebeln |
| 12 | sehr kleine Tomaten (Kirschtomaten) |
| | Wiesenkräuter wie Sauerampfer, Brunnenkresse, Kleeblüten, Wiesenkerbel, Pimpernelle |
| alternativ | Rauke, Löwenzahn oder Dill |
| 125 g | Frischkäse |
| 4 halbe | geräucherte Forellenfilets |

Das Mehl in eine Schüssel sieben. In die Mitte eine Vertiefung drücken. Die Hefe hineinbröckeln, den Zucker zufügen und mit 200 ml warmem Wasser verrühren. Den Vorteig abgedeckt 15-20 Minuten an einem warmen Ort gehen lassen.

Inzwischen die Zwiebeln abziehen, halbieren und in sehr dünne Scheiben schneiden. Die Tomaten waschen, vom Blütenansatz befreien und in Scheiben schneiden oder halbieren, je nach Größe der Tomaten.

Das Rapsöl zum Vorteig geben, salzen, gut verkneten, eventuell noch 50 ml Wasser zufügen und nochmals kurz gehen lassen.

Den Backofen auf 200 °C Ober- und Unterhitze vorheizen. Den Teig vierteln, zu Fladen ausrollen und auf ein mit Backpapier ausgelegtes Blech legen. Mit dem Frischkäse bestreichen, mit Zwiebeln und Tomaten belegen. Im Backofen auf der mittleren Schiene 25–28 Minuten backen.

Die Kräuter waschen, trocken schütteln und nach dem Backen die Fladen damit belegen. Die geräucherten Forellenhälften entweder dazulegen oder zerpflückt dekorativ auf den Fladen anrichten.

# Hauptgerichte mit Fleisch und Wild

## Landschwein in Westerwälder Ton

| | |
|---|---|
| 1 kg | Schweineschulter |
| 3 EL | Öl |
| | Kräutersalz |
| | schwarzer Pfeffer |
| 1 | Zweig Thymian |
| 1 | Zweig Majoran |

**Für die Sauce:**

| | |
|---|---|
| 1 EL | Butter |
| 1 EL | Mehl |
| 100 ml | Portwein |
| 200 ml | Fleischbrühe |
| 2 TL | Tomatenmark nach Belieben |
| 125 ml | Sahne |
| | Pfeffer |
| 1 EL | Schmand |

**Für die Gemüse-Beilage:**

| | |
|---|---|
| 2 EL | Butter |
| 2 | Mohrrüben |
| 1 Stück | Sellerieknolle |
| 2 | Selleriestangen |
| 1 | Pastinake |
| 1 | Petersilienwurzel |
| 250 ml | Gemüsebrühe |
| | |
| 2 kg | Ton aus dem Bastelgeschäft |

Das Fleisch waschen und trocken tupfen. Das Öl in einem weiten Topf erhitzen und das Fleisch von allen Seiten anbraten. Mit Kräutersalz und Pfeffer würzen und aus dem Topf nehmen. Den Bratensatz im Topf beiseite stellen.

Den Backofen auf 210 °C Umluft vorheizen. Ein Backblech mit Backpapier auslegen. Die Tonmasse darauf geben und mit dem Nudelholz zu einem Rechteck von etwa 35–40 cm ausrollen. Das Fleisch auf den Ton geben, Thymianzweig und Majoran darauf legen und einschlagen. Die Nähte mit nassen Händen schließen. Im Backofen auf der zweiten Schiene von unten 50 Minuten garen.

In den Bratensatz im Topf die Butter aufschäumen lassen und das Mehl hineinstäuben, durchschwitzen lassen und mit Portwein und Brühe ablöschen. Nach Belieben Tomatenmark zufügen. Einige Minuten köcheln lassen. Die Sahne angießen, gut verrühren und weitere Minuten kochen lassen, bis zur gewünschten Konsistenz. Mit Kräutersalz und Pfeffer würzen. Kurz vor dem Servieren den Schmand unterrühren.

Inzwischen das Gemüse waschen und klein schneiden. In Butter andünsten und mit Brühe ablöschen. Mit Salz und Pfeffer würzen, etwa 10 Minuten garen. Das Gemüse sollte noch „Biss" haben. Das Tonpaket aus dem Ofen nehmen und 15 Minuten ruhen lassen. Den Ton vorsichtig aufschlagen und das Fleisch mit der Sauce und dem Gemüse servieren.

**Tipp:**
Petersilien- oder Rosmarinkartoffeln passen gut dazu!

# Ischelbraten

| | |
|---|---|
| 3 | Zwiebeln |
| 500 g | Hackfleisch |
| 6-7 EL | feine Haferflocken |
| 2 | Eier |
| 6 EL | Sahne |
| | Salz |
| | frisch gem. schwarzer Pfeffer |
| | abgeriebene Muskatnuss |
| 2 EL | Mehl |
| 3 EL | Öl |
| 25 g | Butter |
| | nach Belieben 300 ml Fleischbrühe oder Wasser |

Die Zwiebeln abziehen, halbieren und in Streifen schneiden. Zusammen mit Hackfleisch, Haferflocken, Eiern und Sahne in eine Schüssel geben. Mit Salz, Pfeffer und Muskatnuss würzen und gut vermischen.

Runde kleine Braten formen, etwas flachdrücken und mit wenig Mehl panieren.

Das Öl erhitzen, die Butter zufügen und die Teigkuchen darin beidseitig goldgelb braten.

Nach Belieben den Bratensatz mit etwas Brühe ablöschen, aufkochen und über den Ischelbraten gießen.

Ursprünglich wurden für den Ischelbraten Fleischreste verwendet, heutzutage bevorzugt man Hackfleisch. Die Zwiebeln werden bewusst grob geschnitten, damit sie wie Igel aus den Fleischkuchen herausschauen.

Wer Lust auf Veränderung hat, mischt zusätzlich zu den Zwiebeln noch einige in Stifte geschnittene Mandeln.

# Aschebraten

| | |
|---|---|
| 2 | Zwiebeln |
| 100 g | Schinken, ungeräuchert |
| 4 | Stück Schweinefleisch, aus dem Nacken |
| je 250–300 g | |
| | Salz |
| | frisch gem. Pfeffer |
| 4 Stück | Alufolie |

Die Zwiebeln abziehen, halbieren und in dünne Scheiben schneiden. Den Schinken würfeln. In das Fleisch jeweils eine Tasche schneiden und Schinken sowie Zwiebel hineingeben, salzen und pfeffern. Alufolie ausbreiten und das Fleisch darin einpacken. In die Glut legen oder alternativ im auf 160 °C vorgeheizten Backofen, mittlere Schiene, etwa 90 Minuten garen.

Mit einem frischen Salat, Kartoffeln oder Kartoffelsalat verzehren.

# Dippekuchen

| | |
|---:|---|
| 3 kg | Kartoffeln |
| 3 | Zwiebeln |
| 1 gr. | Brötchen |
| 250 ml | Milch |
| 300 g | luftgetrockneter Schinkenspeck |
| | nach Belieben 150 g Fleischwurstreste |
| 4 | Eier |
| | Salz |
| | frisch gem. Pfeffer |
| | abgeriebene Muskatnuss |
| 4 EL | Öl |

Die Kartoffeln waschen, schälen und fein reiben. Die Kartoffelbrühe etwas ablaufen lassen und anderweitig verwerten. Die Zwiebeln abziehen und hacken. Das Brötchen in Würfel schneiden und mit der kochenden Milch übergießen. Den Speck und die Fleischwurst getrennt würfeln.

Den Speck in eine Pfanne geben und leicht auslassen. Die Hälfte der Zwiebeln zufügen und leicht dünsten. Alle bisher genannten Zutaten in einer großen Schüssel vermischen. Die Eier zufügen, unterrühren und mit Salz, Pfeffer und Muskatnus würzen.

Den Backofen auf 200 °C vorheizen. Einen Bräter mit dem Öl ausstreichen. Die Masse einfüllen und im Backofen etwa 1 ½ Stunden garen, bis die Kruste kross ist.

Es gibt unzählige Varianten für die Zubereitung des Dippekuchens. Jeder hat sein Familienrezept. Dies ist unsere Variation. Dazu essen wir gern Apfelmus oder Apfelkompott.

Äpfel gut waschen, Stiel und Blüte entfernen und möglichst mit Schale vierteln. Auf 1 kg Äpfel etwa 250 ml Wasser nehmen. Zusammen in einem Topf aufkochen, 1 Stückchen Zimtstange und nach Belieben etwas Zitronensaft, unbehandelte Zitronenschale und etwas Vanillemark zufügen. Herunterschalten und bei niedriger Temperatur weiterkochen lassen, bis die Äpfel weich sind. Durch ein Sieb streichen und je nach Sorte der Äpfel mit Zucker süßen.

# Ragout vom Westerwälder Weideochsenschwanz

| | |
|---:|:---|
| 25 g | getrocknete Steinpilze |
| 2,2 kg | Ochsenschwanz vom Westerwälder Weideochsen, vom Metzger in Stücke hacken lassen |
| 175 g | Zwiebeln, 2–3 Stück |
| 175 g | Sellerieknolle |
| 175 g | Mohrrüben, etwa 3 Stück |
| 175 g | Lauch, etwa 1 dünne Stange |
| 175 g | Pastinake, etwa 1 Rübe |
| 175 g | Kürbisfruchtfleisch, Hokkaido, Butternut oder Muskatkürbis |
| | Salz |
| | frisch gem. schwarzer Pfeffer |
| 2 | Lorbeerblätter |
| 1 | Thymianzweig |
| 275 ml | Gemüsebrühe |
| 275 ml | trockener Rotwein |
| 2 – 3 EL | Tomatenmark |

Für 6-8 Portionen

Die Steinpilze mit 100 ml kochendem Wasser übergießen, etwas ziehen lassen, dann klein schneiden.

Die Ochsenschwanzstücke waschen. Die Zwiebeln abziehen und grob zerteilen. Das Gemüse waschen, putzen und in kleine Stücke bzw. Ringe schneiden. Alle Zutaten in einen Keramiktopf geben. Die Steinpilze samt Einweichwasser zufügen. Mit Salz und Pfeffer würzen. Die Lorbeerblätter und den Thymianzweig darauflegen. Gemüsebrühe und Rotwein über das Fleisch gießen. Den Deckel auflegen und den Topf in den kalten Backofen stellen. Nach 3 Stunden bei 200 °C ist das Fleisch butterzart.

Den Topf herausnehmen und etwas abkühlen lassen. Die Ochsenschwanzstücke herausnehmen, Fett und Knorpel entfernen und das Fleisch von den Knochen lösen. Eventuell auch das Fett von der Garflüssigkeit abschöpfen. Das Gemüse pürieren und mit Tomatenmark, Salz und Pfeffer abschmecken. Das Ochsenschwanzfleisch zufügen. Vor dem Servieren kurz erhitzen.

**Tipp:**
Dazu passen in der Schale gekochte und gepellte Kartoffeln, vorzugsweise aus einem Westerwälder Hofladen. Wenn Sie Nudeln oder Reis mögen, können Sie diese anstelle der Kartoffeln servieren.
Bitte beim Öffnen des Topfes vorsichtig sein, da Dampf entweicht. Das Geheimnis des Wohlgeschmacks und die Zartheit des Fleisches liegt im langen Garvorgang im fest verschlossenen Topf begründet. Es ist ein Essen, das Sie gut vorbereiten können, wenn Sie Gäste erwarten und noch viele andere Dinge zu erledigen sind.
Sie finden das Gericht eher selten auf Restaurant-Speisekarten. Es ist ein besonderes Festessen, das Sie in einem besonderen Keramiktopf zubereiten sollten.

# Fleischtopf auf Wilddiebart

## Für die Beize:

| | |
|---|---|
| 1 | Zwiebel |
| 1 | Mohrrübe |
| 1 kl. | Lauchstange |
| 1 Stück | Knollensellerie |
| 8-10 | Wacholderbeeren |
| 5 | zerstoßene Pfeffer-körner |
| 1 | Nelke |
| ½ TL | getr. Rosmarin |
| 1 TL | Zucker |
| 750 ml | Rotwein |
| 4 EL | Öl |
| | |
| 1,2 kg | Wildfleisch (Reh-, Hirsch-, Wildschwein), küchenfertig |
| 100 g | durchwachsener, ungeräucherter Speck |
| 100 g | gekochter Schinken |
| 800 g | gemischte Waldpilze |
| 2 | Zwiebeln |
| 250 ml | Fleischbrühe |
| 1 Scheibe | Schwarzbrot |
| 100 ml | Sahne |
| 100 g | Schmand |
| 1 TL | getr. Thymian |
| 1 TL | getr. Majoran |
| | Salz |
| | frisch gem. Pfeffer |

Für etwa 6 Portionen

Das Gemüse für die Beize waschen und in Scheiben bzw. in Würfel schneiden. Gewürze, Rotwein und Öl zufügen. Das Fleisch in große Würfel schneiden und für zwei Tage in die Beize legen.

Den Speck und Schinken würfeln. Die Pilze putzen und je nach Größe in Scheiben oder Stücke schneiden. Die Zwiebeln abziehen und hacken.

Das Wildfleisch aus der Marinade nehmen und trocken tupfen. Den Speck auslassen und das Wildfleisch von allen Seiten darin anbraten. Die Zwiebeln zufügen und mit der Hälfte der Marinade einschließlich des Gemüses ablöschen. Nach 45 Minuten Pilze, Schinkenwürfel und Fleischbrühe zufügen. Nach Bedarf noch Marinade zugießen und für weitere 20 Minuten garen, bis das Fleisch weich ist.

10 Minuten vor Garende das zerkrümelte Schwarzbrot hineinrühren. Zum Schluss Sahne und Schmand zufügen und mit Thymian, Majoran, Salz und Pfeffer abschmecken.

## Tipp:

Anstelle des Schwarzbrots können Sie auch 2 oder 3 Esslöffel Hirseflocken zum Andicken nehmen.

Sollten Sie selbst Pilze kennen und sammeln, so können Sie den Steinpilz in Laub- und besonders in Nadelbaumwäldern vom Sommer bis Spätherbst finden. In der Regel ist 1 kg pro Person und Tag gestattet; notfalls bei der Gemeinde erfragen.

Ein schon in der Antike hochgeschätzter Pilz ist der Pfifferling. Seine Saison ist von Juni bis November, ebenfalls in Laub- und Nadelwäldern. Den Riesenbovist sollten Sie nur jung ernten, dann hat er ein würziges Aroma. Auf Wiesen und Weiden können Sie fündig werden, ebenso auf Streuobstwiesen.

# Rehschnitzel unter der Haselnusskruste

| | |
|---|---|
| 4 | Rehschnitzel, aus der Oberschale geschnitten, küchenfertig, je 125-150 g |

**Für die Marinade:**

| | |
|---|---|
| 1 Zweig | Rosmarin |
| 1 Zweig | Thymian |
| 10 EL | Öl |

**Für die Haselnusskruste:**

| | |
|---|---|
| 100 g | Butter |
| 1 | Eigelb |
| 6 EL | gemahlene Haselnüsse |
| | Salz |
| | frisch gem. Pfeffer |
| ½ TL | Wildgewürz |

**Für die Sauce:**

| | |
|---|---|
| 2 | Schalotten |
| 25 g | Butter |
| 1 EL | Mehl |
| 350 – 400 ml | Wildfond |
| 4 EL | Schmand |
| | Salz |
| | frisch gem. schwarzer Pfeffer |
| 3-4 EL | Preiselbeeren |
| 3 EL | Öl zum Braten |
| 2 TL | Lorbeeröl |

Die Rehschnitzel mit Rosmarin- und Thymianzweig in eine Schale geben und mit Öl bedecken. Abgedeckt an einem kühlen Ort zwei Tage ruhen lassen.

Für die Haselnusskruste die Butter schaumig rühren. Das Eigelb zufügen, dann Haselnussmehl, Salz, Pfeffer und Wildgewürz hinzugeben. Für die Sauce die Schalotten abziehen und fein hacken.

Die Rehschnitzel aus der Marinade nehmen. Das Öl in einer Pfanne erhitzen. Die Rehschnitzel darin von jeder Seite einige Minuten anbraten. Herausnehmen, auf eine feuerfeste Platte geben und mit der Haselnussmasse bestreichen.

Zu dem Bratenrückstand in der Pfanne die Butter geben und die Schalotten einige Minuten dünsten. Mit dem Mehl bestäuben, durchschwitzen lassen, mit Wildbrühe und Schmand ablöschen und einkochen, salzen und pfeffern. Durch ein Sieb geben und mit Preiselbeeren verfeinern.
Den Grill vorheizen. Die Rehschnitzel einige Minuten unter den Grill geben und mit einigen Tropfen Lorbeeröl beträufeln.

Dazu passen Spätzle oder Schupfnudeln und Selleriemus.

**Tipp:**
Das Lorbeeröl können Sie selbst herstellen, indem Sie Oliven-, Raps- oder Sonnenblumenöl mit 2 Lorbeerblättern auf 45 °C erhitzen.

Für das Selleriemus 400 g Sellerieknolle waschen, schälen und etwas zerkleinern. 200 g Kartoffeln ebenfalls waschen, schälen und vierteln. Zusammen mit Sellerie, knapp bedeckt mit Gemüsebrühe oder Wasser, kochen. Durch die Kartoffelpresse drücken und mit 20 g Butter, etwas Garflüssigkeit und 100 g Schmand oder Sahne verfeinern. Mit Salz, Pfeffer und etwas abgeriebener Muskatnuss würzen. Nach Belieben mit einigen Tropfen Trüffelöl aromatisieren.

## Dicke Bohnen und Mohrrüben mit Bratwürsten nach Braumeisterart

**Für die Dicken Bohnen:**

| | |
|---|---|
| 1-2 | Mohrrüben |
| 500–600 g | Dicke Bohnenkerne |
| 200 ml | Milch |
| 150 ml | Sahne |
| 20 g | Butter |
| | Bohnenkraut, frisch oder getrocknet |
| | Salz |
| | frisch gem. schwarzer Pfeffer |

**Für die Bratwürste nach Braumeisterart:**

| | |
|---|---|
| 75 g | geröstetes Braumalz |
| 2 | Eier |
| 1 EL | Bärlauchsenf |
| 3-4 EL | Öl zum Braten |
| 4 | Bratwürste |

Den Backofen auf 200 °C Ober- und Unterhitze vorheizen. Die Mohrrüben waschen, schaben und in dünne Scheiben oder Stifte schneiden. Die Bohnenkerne und Mohrrüben mit Milch, Sahne, Butter und Bohnenkraut in eine feuerfeste Keramikform geben. Den Deckel auflegen und im Backofen auf der mittleren Schiene etwa 50 Minuten garen, dann erst mit Salz und Pfeffer würzen.

Für die Würste das geröstete Braumalz mit dem Schneidstab des Mixers kurz zerkleinern oder fein schroten und in einen tiefen Teller geben. Die Eier mit Bärlauchsenf in einem Teller verrühren.

Die Würste zunächst in dem Eier-Bärlauchgemisch wenden, dann im Braumalz.

Das Öl in einer Pfanne erhitzen und die Würste beidseitig bei mäßiger Temperatur pro Seite 4–5 Minuten braten. Zusammen mit den Dicken Bohnen auftragen!

Dazu passen Petersilienkartoffeln oder ein gutes Landbrot.

*Tipp: Geröstetes Braumalz erhalten Sie bei Brauereien.*

# Vegetarische Genüsse

### Wurzelgemüse vom Blech

1 kg    Wurzelgemüse wie
        Rote Bete, Pastinaken,
        Petersilienwurzel,
        Mohrrüben

Je 4    Zweige frischer
        Thymian
        und Majoran

1 gr.   Zwiebel
        Salz
        frisch gem. Pfeffer

200 g   halbfester Ziegen- oder
        Schafskäse

3 EL    Raps- oder Sonnen-
        blumenöl

30 g    Butter

1-2 EL  Apfelessig

Butter für das Blech

Die Rote Bete waschen, in einen Topf geben, mit Wasser bedecken und 8–10 Minuten kochen lassen. Vom Herd nehmen, mit kaltem Wasser übergießen, pellen und in Scheiben schneiden. Das restliche Gemüse waschen, putzen und klein schneiden. Die Kräuter waschen und hacken. Die Zwiebel abziehen, halbieren und in dünne Halbringe schneiden.

Den Backofen auf 180 °C Ober- und Unterhitze vorheizen.
Ein Backblech mit Butter ausstreichen. Das Gemüse darauf verteilen, salzen, pfeffern und mit Kräutern bestreuen. Den Käse würfeln und darauf verteilen. Das Öl darüberträufeln, mit Butterflöckchen belegen.

Im Backofen auf der mittleren Schiene 55 Minuten garen.
Das fertige Gericht mit dem Apfelessig beträufeln.

Bis ins 18. Jahrhundert waren Pastinaken in Deutschland ein Grundnahrungsmittel. Sie wurden durch Kartoffeln und Mohrrüben ersetzt. Endlich werden sie seit einigen Jahren vermehrt angebaut. Von Ende November bis in den April hinein können wir das leicht süßlich schmeckende aromatische Gemüse genießen.

Tipp:
Dazu passen Stampfkartoffeln, eine Apfelschorle oder ein erfrischender Apfel-Secco.

# Bärlauch-Kartoffelstampf mit verlorenen Eiern

**Für Kartoffel-Bärlauchstampf:**

| | |
|---|---|
| 1 kg | Kartoffeln |
| 50 g | Bärlauch |
| 2 EL | Öl |
| 1 | rote Zwiebel |
| 20 g | Butter |
| 100 ml | Milch |
| 50 ml | Sahne |
| 50 ml | Gemüsebrühe |
| | Salz |
| | abgeriebene Muskatnuss |

**Für die Sauce:**

| | |
|---|---|
| 40 g | Butter |
| 35 g | Mehl |
| 250 ml | Milch |
| 250 ml | Gemüsebrühe |
| 60–80 g | Ziegenfrischkäse |
| | Salz |
| | Paprikapulver |

**Für die verlorenen Eier:**

| | |
|---|---|
| 2 EL | Essig |
| 4 | frische Eier |

Die Kartoffeln waschen und knapp mit Wasser bedeckt in einem Topf 25–30 Minuten kochen. Den Bärlauch waschen und mit dem Öl pürieren. Die rote Zwiebel abziehen, fein würfeln und leicht in der Butter dünsten.

Inzwischen die Sauce herstellen. Die Butter schmelzen, das Mehl einstreuen und unter Rühren hellgelb durchschwitzen lassen. Die kalte Milch und die Gemüsebrühe nach und nach unter Rühren angießen. 10 Minuten bei geringer Temperatur kochen lassen. Nun nicht mehr kochen lassen und den Ziegenfrischkäse zufügen, mit Salz und Paprikapulver würzen.

Die Kartoffeln abgießen und pellen. Milch, Sahne und Gemüsebrühe für den Kartoffelstampf erhitzen. Mit Salz und Muskatnuss würzen. Die Kartoffeln zerstampfen und die heiße Flüssigkeit sowie den pürierten Bärlauch zufügen, alles warmhalten.

Für die verlorenen Eier 1 Liter Wasser erhitzen, den Essig zufügen und die Eier einzeln in einer Tasse oder Schöpfkelle aufschlagen. Vorsichtig in das siedende Wasser gleiten lassen. Nach 3–4 Minuten herausnehmen, abschrecken und kurz auf Küchenpapier legen. Eventuell unregelmäßige Ränder abschneiden.

Bärlauch-Kartoffelstampf mit Sauce und verlorenen Eiern auftragen. Mit den roten Zwiebeln bestreuen.

**Tipp:**
Für den Bärlauch-Kartoffelstampf bevorzuge ich den Ziegenfrischkäse von Claudia Schäfer-Trumm, „Kleine Fromagerie" in Oberrod.

Ersatzweise können Sie anstelle frischen Bärlauchs ein Bärlauch-Pesto-Fertigprodukt verwenden oder auch Basilikum-Pesto.

# Kräuterschnitten

| | |
|---|---|
| 200 g | Dinkelvollkornmehl |
| 20 g | Hefe |
| 1 TL | Zucker |

**Für die Füllung:**

| | |
|---|---|
| 1 kl. | Zwiebel |
| 1 Bd. | Kräuter |
| 3–4 | Nüsse |
| 1 TL | Senf |
| 2 EL | Rapsöl |
| | Salz |
| | frisch gem. Pfeffer |

Mehl zum Ausrollen

**zum Bestreichen der Teigrolle:**

| | |
|---|---|
| 1 | Eigelb und |
| 2 EL | Milch |

Zunächst die Füllung herstellen. Die Zwiebel abziehen und fein würfeln. Die Kräuter waschen, trocken tupfen, die Blättchen von den Stielen zupfen und hacken. Die Nüsse aufknacken und die Kerne hacken. Alles in ein Schälchen geben und mit Senf und Rapsöl verrühren. Mit Salz und Pfeffer würzen. Abgedeckt im Kühlschrank durchziehen lassen.

Das Dinkelvollkornmehl auf die Arbeitsfläche geben. In die Mitte eine Vertiefung drücken. Die Hefe hineinbröckeln. Den Zucker zufügen und mit 80–90 ml Wasser zu einem geschmeidigen Teig verkneten. Abgedeckt an einem warmen Ort etwa 20 Minuten ruhen lassen, bis der Teig aufgegangen ist. Durchkneten und nochmals 30 Minuten gehen lassen.

Den Backofen auf 180 °C Ober- und Unterhitze vorheizen.

Den Teig dünn auf Mehl ausrollen. Die Kräuterfüllung daraufstreichen und zu einer Rolle formen. Das Eigelb mit Milch verrühren und die Rolle damit bestreichen. Im Backofen etwa 30 Minuten backen.

**Tipp:**
Nach dem Abkühlen in dicke Scheiben schneiden und nach Belieben mit einer Preiselbeer- oder Brombeersauce oder einem rotem Zwiebelchutney reichen!

**oder**
dazu je nach Jahreszeit einen Salat servieren:
Im Frühling: Spargel oder Kaiserschoten, Frühjahrsmöhren, junger Feldsalat
Im Sommer: Kopfsalat, Eisbergsalat, Kohlrabi, Tomaten und Gurken oder Grüne Bohnen
Im Herbst: Eichblattsalat, Endiviensalat, Portulak, Radieschen, Rote Bete, Mohrrüben, Kürbis und Pilze
Im Winter: Pastinaken, Butterrüben und Schwarzwurzeln

## Limburger Kochkäse mit Kräutern

| | |
|---:|---|
| 200 g | Limburger Käse, 40 % Fettgeh. |
| 1 | Eigelb |
| 20 g | Mehl |
| 160 ml | Milch |
| 1 TL | Kümmel |
| 50 g | Butter |
| 1 Bd. | Schnittlauch |
| ½ Bd. | Radieschen |
| 1 | Kästchen Kresse |
| 10 g | Butter zum Ausstreichen des Keramikgefäßes |

Das Keramikgefäß mit Butter ausstreichen und für 30 Minuten in den Kühlschrank stellen. Den Limburger Käse in Stücke schneiden. Eigelb, Mehl und Milch verrühren. Den Kümmel zufügen.

Die Butter in einem weiten Topf schmelzen und den Limburger Käse hineingeben. Der Käse soll unter Rühren zerlaufen. Die Eigelb-Milchmischung in den Käse rühren. Vom Herd nehmen und in das Keramikgefäß füllen. Gut gekühlt einige Stunden stehen lassen.

Zum Servieren Schnittlauch, Radieschen und Kresse waschen. Schnittlauch in Röllchen, Radieschen in Scheiben schneiden. Den Kochkäse mit Schnittlauch, Radieschen und Kresse garnieren.

*Tipp:*
*Dazu passen ein Backesbrot oder frisch gekochte Pellkartoffeln.*

## Eierkäse

| | |
|---:|---|
| 6 | Eier |
| ½ l | Milch |
| 1 Msp. | Salz |
| 1 TL | Zucker |

Die Eier in einer Schüssel verschlagen und die Milch nach und nach dazugeben. Salz und Zucker zufügen. Diese Mischung in einen Steinguttopf füllen und abgedeckt im Wasserbad etwa 1 Stunde garen, bis die Masse fest ist.

Nun in eine Eierkäsform (Eierkässeih) geben und über Nacht abtropfen lassen. Zum Servieren stürzen und mit Zucker und Zimt bestreuen.

Frisches Backesbrot, ein Hefekranz oder Rosinenzopf sind lecker dazu!

**Tipp:**
Besonders fein dazu schmecken auch frische Erdbeeren, vor allem Walderdbeeren, garniert mit einigen kleinen Minzblättchen.
Für dieses Gericht benötigen Sie eine Spezial-Keramikform, die rundherum mit kleinen Löchern versehen ist.

## Für das Aprikosen-Apfelkompott:

| | |
|---|---|
| 250 g | Aprikosen |
| 1 gr. | Apfel |
| 1 | Zwiebel |
| ½ kl. | rote Chilischote |
| 100 g | brauner Roh-Rohrzucker |
| 100 ml | Apfelsaft |
| 50–60 ml | Apfelessig |
| | Salz |
| | weißer Pfeffer |

## Für die Joghurtcreme:

frische Kräuter wie glattblättrige Petersilie, Schnittlauch, Kerbel

| | |
|---|---|
| 200 g | Joghurt |
| 2–3 EL | Quark oder Schichtkäse |

## Für die Kartoffel-Sellerie-Rösti:

| | |
|---|---|
| 600 g | Kartoffeln |
| 150 g | Knollensellerie |
| 3 | Eier |
| 50 g | Mehl |
| | Salz |
| | abgerieb. Muskatnuss |
| 4 EL | Rapsöl |
| 1–2 EL | Walnussöl |

## Für den Flammkäse:

| | |
|---|---|
| 1 | Ei |
| 4 Scheiben | Flammkäse |
| 1–2 EL | Mehl |
| 3–4 EL | Paniermehl |
| 80 ml | Rapsöl |

# Kartoffel-Sellerie-Rösti mit Joghurtcreme, Flammkäse und Aprikosen-Apfel-Kompott

Zunächst das Aprikosen-Apfelkompott herstellen. Dazu die Früchte waschen, die Aprikosen entsteinen, Apfel vom Kerngehäuse befreien und beides klein schneiden. Die Zwiebel abziehen und hacken. Die Chilischote aufschneiden, entkernen und klein schneiden.

Den Rohrzucker mit Apfelsaft einkochen. Den Essig zufügen. Aprikosen, Apfel und Chilischote zufügen, salzen und etwa 15 Minuten bei niedriger Temperatur kochen lassen. Mit Pfeffer gut würzen.

Für die Joghurtcreme die Kräuter waschen und hacken. Joghurt mit Quark und Kräutern vermischen, salzen und pfeffern.

Für die Kartoffel-Sellerie-Rösti die Kartoffeln und den Sellerie schälen und putzen. Beides auf der Reibe in eine Schüssel raffeln. Die Eier und das Mehl zufügen. Mit Salz und Muskatnuss würzen.

Das Rapsöl in einer weiten Pfanne erhitzen. Das Walnussöl zufügen und mit einem großen Löffel die Kartoffelmasse in die Pfanne geben, flach drücken und beidseitig einige Minuten bei mittlerer Temperatur braten.

Das Ei zum Panieren des Flammkäses verquirlen. Den Flammkäse mit Mehl bestäuben und in Ei und Paniermehl wälzen. In einer zweiten Pfanne das Öl erhitzen und den Flammkäse beidseitig darin goldgelb braten. Nach Belieben salzen.

Zum Auftragen Aprikosen-Apfel-Kompott in Schälchen füllen und die Rösti mit Flammkäse und Joghurtcreme zusammen auf einer Platte arrangieren.

# Süßspeisen

## Breimel mit flambierten Früchten

| | |
|---|---|
| 550 ml | Milch |
| 60 g | gerösteter gemahlener Hafer |
| 15 g | Rohrzucker |
| 1-2 Msp. | Salz |
| | frische Früchte wie Erdbeeren, Aprikosen, Johannisbeeren, Himbeeren, Pfirsiche |

**Für den Zuckersirup:**

| | |
|---|---|
| 150 ml | Wasser |
| 75 g | Zucker |
| 1 EL | Zitronensaft |
| 3-4 EL | Basaltfeuer von der Birkenhof Brennerei |

Von der Milch 5–6 Esslöffel abnehmen und mit dem Hafermehl verrühren. Die restliche Milch zum Kochen bringen. Das angerührte Hafermehl hineinschütten und gut durchrühren. Den Zucker und das Salz zufügen und kurz aufkochen lassen. Vom Herd nehmen und in Teller oder flache Schalen verteilen.

Die Früchte waschen, trocken tupfen, je nach Sorte entsteinen und falls gewünscht in Zuckersirup pochieren. Basaltfeuer im kleinen Keramiktöpfchen leicht erwärmen, über der Rechaudflamme etwas schräg halten und entflammen. Über die Früchte geben und mit Breimel servieren.

**Tipp:**

Dies ist eine alte Westerwälder Spezialität, die leider nur noch sehr wenigen Menschen bekannt ist. Mit flambierten Früchten ist es bei uns eine begehrte Nachspeise, die vor allem nach Eintopfgerichten serviert wird. Mit frischen Früchten einfach köstlich!

Da geröstetes Hafermehl nicht mehr zu bekommen war, habe ich Haferkörner trocken in einer Pfanne geröstet und nach dem Abkühlen mit der feinsten Einstellung in einer Haushaltsgetreidemühle gemahlen.

Für den leichten Zuckersirup Wasser mit Zucker bei mittlerer Temperatur erhitzen, rühren, bis der Zucker ganz aufgelöst ist. Einige Minuten kochen lassen und mit Zitronensaft aromatisieren. Je länger der Zuckersirup kocht, desto dicker und dunkler wird er.

# Schokoladen-Schmetterlinge mit Himbeereis

| | |
|---:|:---|
| 200 g | weiße Schokolade |
| 4 | Eier |
| 125 g | Puderzucker |
| 70 g | Mehl |
| 150 g | Butter |
| 165 g | Mandelmehl |
| 2 EL | Holunderblütensirup |
| 1-2 Msp. | abgeriebene unbehandelte Zitronenschale |
| 2 EL | Aprikosen-Fruchtaufstrich |
| 1 Msp. | Salz |

**Für die Schmetterlingsförmchen:**

Butter und Mandelmehl

**Für die Garnitur:**

Zuckerglasur und bunte Zuckerperlen
dunkle Schokoladenkrümel/Streusel
auch blaue Kornblumenblüten

Die weiße Schokolade in Stücke teilen und in einen Behälter geben. Im Wasserbad schmelzen lassen. Die Eier trennen. Das Eigelb mit Puderzucker so lange schlagen, bis die Masse weiß ist.

Die Schmetterlingsförmchen mit Butter ausstreichen und Mandelmehl ausstäuben. Die Förmchen in den Kühlschrank stellen.
Den Backofen auf 210 °C Ober- und Unterhitze vorheizen.

Die geschmolzene Schokolade mit dem geschlagenen Eigelb vermischen. Das Mehl zufügen. Die weiche Butter mit Mandelmehl, Holunderblütensirup, Zitronenschale und Aprikosenfruchtaufstrich ebenfalls zugeben und gut vermischen. Das Eiweiß zusammen mit Salz steif schlagen und unter die Masse ziehen. In die Förmchen füllen und im Backofen auf der mittleren Einschubleiste etwa 15 Minuten backen. Eine Nadelprobe machen, sie braucht nicht, wie sonst üblich, ganz trocken herauskommen.

Die Förmchen auskühlen lassen, aus der Form nehmen und nach Belieben mit Glasur überziehen und garnieren.

Für das Himbeereis 250 ml Milch mit ½ aufgeschnittenen und ausgeschabten Vanilleschote und 70 g Zucker aufkochen. 2–3 Eigelbe aufschlagen und die heiße Milch angießen. Nach dem Erkalten 200 ml Sahne steif schlagen und zusammen mit 50 ml Schmand und 100 g Himbeermark unterrühren. In die Eismaschine geben und gefrieren lassen.
Sollte keine Eismaschine vorhanden sein, die Masse in das Gefrierfach geben und einige Male gut durchrühren.
Das Himbeereis portionieren und in die Mitte des Tellers geben, mit Kornblumenblüten bestreuen und mit den Schmetterlingen umkränzen.

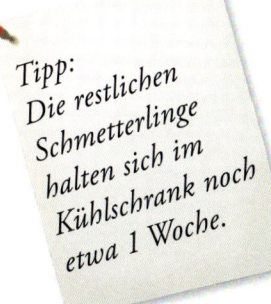

Tipp:
Die restlichen Schmetterlinge halten sich im Kühlschrank noch etwa 1 Woche.

# Erdbeer-Parfait mit Veilchenduft

| | |
|---:|:---|
| 4 | Eigelbe |
| 125 g | Zucker |
| 175 ml | Milch |
| 1 Stück | Vanillestange |
| 600 g | Erdbeeren, vorzugs-<br>weise kleine Wald-<br>erdbeeren |
| 2-3 TL | Veilchensirup |
| 200 ml | Sahne |
| 1 Msp. | Salz |
| 12 | Hornveilchenblüten |

Die Eigelbe in einen Topf geben. Den Zucker zufügen und mit dem Schneebesen cremig rühren; alternativ mit dem Elektroschneebesen, dann aber langsam aufschlagen.

Die Milch mit der aufgeschnittenen und ausgeschabten Vanillestange erhitzen. Die heiße Milch langsam in die Eiercreme geben, dabei immer rühren. Auf den Herd stellen und mit dem Holzspatel unter ständigem Rühren erhitzen, aber nur bis kurz vor den Siedepunkt. Die dickliche Vanillecreme in eine Schüssel umfüllen und kaltschlagen.

Die Erdbeeren waschen, vom Stielansatz befreien, etwa 200 g der kleinen Beeren für die Garnitur zurückbehalten, die anderen pürieren und mit Veilchensirup parfümieren.
Die Sahne mit 1 Messerspitze Salz steif schlagen und unter die erkaltete Vanillecreme ziehen, ebenso locker auch die pürierten Erdbeeren.

Die Masse in eine Schüssel füllen. Abgedeckt mit Klarsichtfolie in den Tiefkühlschrank stellen und etwa 8 Stunden gefrieren lassen.

Zum Servieren die Schüssel nur kurz in heißes Wasser tauchen und stürzen. Etwa 10 Minuten bei Zimmertemperatur stehen lassen. Mit Erdbeeren und Hornveilchenblüten garniert servieren.

Tipp:
Anstelle von Veilchensirup können Sie auch Rosen- oder Orangenblütenwasser (Apotheke) nehmen und mit ungespritzten Rosenblättern garnieren.

# Milchreis und Kürbis im Glas

**Für den Reis:**

| | |
|---|---|
| 250 ml | Milch |
| ½ | Vanilleschote |
| | Salz |
| Je 1 Stck. | unbehandelte Zitronen- und Orangenschale |
| 100 g | Rundkornreis (Milchreis) |
| 75 ml | Sahne |
| 1 EL | Speisestärke |

**Für den Kürbis:**

| | |
|---|---|
| 400 g | Kürbisfruchtfleisch |
| 2–3 | Sternanis |
| 1 kl. | Zimtstange |
| 2 | Nelken |
| ½ | Vanilleschote |
| ½ | unbehandelte Limette |
| 60 g | Roh-Rohrzucker |
| 3–4 EL | Sahne |
| 4 TL | Pistazien |

Für 6–7 Portionen

Die Milch mit der aufgeschnittenen und ausgeschabten Vanilleschote, Salz sowie Orangen- und Zitronenschale in einem Topf zum Kochen bringen. Den Reis einstreuen, kurz aufwallen lassen, einmal durchheben und abgedeckt bei geringer Temperatur ohne Umrühren in etwa 20 Minuten ausquellen lassen. Kurz vor Garende die Sahne mit der Speisestärke verrühren und zum Reis geben.

Kürbisfruchtfleisch in Stücke schneiden und mit 400 ml Wasser in einen Topf geben. Sternanis, Zimtstange, Nelken, ausgeschabtes Vanillemark mit Vanilleschote und etwas abgeriebener Limettenschale zufügen. Bei niedriger Temperatur 15 Minuten kochen lassen. Den Zucker hinzufügen und weitere 8–10 Minuten kochen, bis die Flüssigkeit verkocht ist. Den Kürbis pürieren und die Sahne zufügen. Mit Limettensaft abschmecken.

Reis und Kürbis schichtweise in Gläschen füllen. Mit gehackten Pistazien bestreuen.

**Tipp:**
Nach Belieben den Reis mit etwas Obstbranntwein, -wasser oder -geist aromatisieren. Man kann ihn nicht nur im Glas genießen. Obstbranntwein wird aus vergorenen Früchten, zum Beispiel aus Kern-, Beeren- und Steinobst oder deren Saft gewonnen. Er darf auch einfach „Wasser" genannt werden (Kirschwasser). Werden jedoch vergorene Früchte mit Alkohol destilliert, nennt man das Endprodukt „Geist" (Himbeergeist).

# Wäller Mädchen Dessert

| | |
|---|---|
| 250 g | Erdbeeren |
| | Saft von 1 Zitrone |
| 2 EL | feiner Zucker |
| 100 ml | Wäller Mädchen, ein Erdbeerlikör von der Struthof-Brennerei |
| 8 Blatt | weiße Gelatine |
| 100 ml | Sahne |
| 200 g | Magerquark |
| 200 g | Naturjoghurt, 3,4 % Fettgeh. |
| 1 | Orange |
| ½ | Vanilleschote |

**Für das Rhabarbereis:**

| | |
|---|---|
| 200 g | Vanilleeis, Fertig- produkt |
| 40 ml | Rhabarberlikör der Struthof Brennerei |

**Für die Streusel:**

| | |
|---|---|
| 60 g | Butter |
| 60 g | Zucker |
| 60 g | Haferflocken |

Rezept von Marianne Lieber, Struthof-Brennerei, Unnau

Die Erdbeeren waschen, den Blütenansatz entfernen, die Beeren vierteln und in eine Schüssel geben. Den Saft der Zitrone auspressen. Zitronensaft, 1 Esslöffel Zucker und Wäller Mädchen-Erdbeerlikör über die Beeren geben und leicht vermischen. Etwa 4 Stunden marinieren.

Die Gelatine in kaltem Wasser einweichen. Die Sahne steif schlagen. Quark, Joghurt und den restlichen Zucker verrühren. Den Saft der Orange auspressen. Die Vanilleschote längs aufschneiden, das Mark herauskratzen, Schote und Mark in den Orangensaft geben und leicht erhitzen. Die Vanilleschote herausnehmen. Die Gelatine ausdrücken und in dem warmen Orangensaft auflösen. Zunächst etwas Quarkcreme hineinrühren, dann alles gut vermischen. Die Sahne unterheben. In vier Glaskelche verteilen und 4 Stunden kalt stellen.

Den Backofen auf 220 °C vorheizen. Die Quarkcreme mit den marinierten Erdbeeren auffüllen und nochmals kalt stellen.

Das Vanilleeis mit Rhabarberlikör begießen und sofort wieder in das Tiefkühlfach geben.

Für die Streusel die Butter in einem Töpfchen erhitzen und mit Zucker und Haferflocken vermischen. In eine kleine Auflaufform füllen und krokantartig backen, das dauert etwa 10–12 Minuten.

Zum Servieren das Rhabarbereis auf die Erdbeeren geben und mit den heißen krokantartigen Streuseln bestreuen.

Der Knuspergenuss ist garantiert!

# Konserviertes und Getränke

## Veilchensirup

| | |
|---|---|
| 1 kg | Zucker |
| 1 ½ | unbehandelte Limetten |
| 30 | frisch gepflückte Veilchenblüten |
| 30 g | Zitronensäure |

1 ½ Liter Wasser mit Zucker in einen Topf geben, rühren, aufkochen und dann auskühlen lassen.

Die Limetten gut waschen und in Scheiben schneiden. Die Veilchen vorsichtig waschen. Zitronensäure, Limettenscheiben und Veilchen in das erkaltete Zuckerwasser geben. Abgedeckt kühl 5 Tage stehen lassen.

Abseihen, in gut ausgespülte Flaschen füllen und im Kühlschrank aufbewahren.

**Tipp:**
Für einen besonderen Aperitif 1–2 Teelöffel Veilchensirup mit weißem oder rosa Secco oder Sekt auffüllen und nach Belieben mit einer Veilchenblüte garnieren.

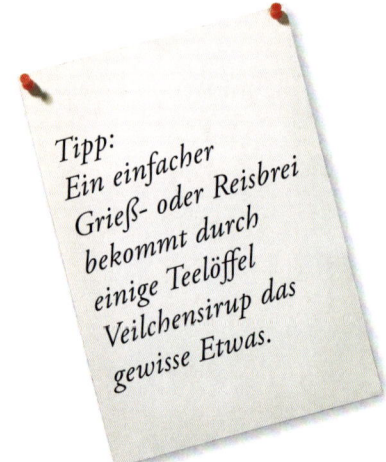

Tipp:
Ein einfacher Grieß- oder Reisbrei bekommt durch einige Teelöffel Veilchensirup das gewisse Etwas.

# Grüner, roter und gelber Saft

**Für den grünen Saft:**

| | |
|---|---|
| 1 | Biogurke |
| 2 | Stangen Stauden-sellerie |
| | nach Belieben auch |
| | einige Salatblätter |
| | einige Zweige Minze |

Alle Zutaten gut waschen. Von der Gurke vier lange Stäbchen abschneiden. Die Biogurke ungeschält mit Staudensellerie, Salatblättern und Minzblättchen in den Mixer geben.

Wer die Fruchtfasern nicht liebt, kann den pürierten Saft durch ein Sieb geben. Mit den Gurkenstäbchen garniert möglichst sofort genießen.

**Für den roten Saft:**

| | |
|---|---|
| 6 | Tomaten |
| 2 | Rote Bete |
| 1 | Apfel |
| | frisch gem. schwarzer Pfeffer |

Alle Zutaten sollten möglichst Bioqualität haben. Tomaten, Rote Bete und Apfel waschen. Den Apfel vom Kerngehäuse befreien und die Rote Bete etwas zerkleinert mit den übrigen Zutaten in den Mixer geben.

Mit etwas Pfeffer bestreut servieren.

**Für den gelben Saft:**

| | |
|---|---|
| 4 | Aprikosen |
| 1 | Birne |
| 4 | Mohrrüben |

Die Aprikosen entsteinen, die Birne vom Kerngehäuse befreien und mit Mohrrüben und Aprikosen im Mixer pürieren.

Nach Belieben mit einem Hauch Zimt bestreuen.

## Quittenmus, süß

| | |
|---|---|
| 1 kg | Quitten, nach dem Putzen etwa 700 g, vorzugsweise Birnenquitten |
| 600 ml | naturtrüber Apfelsaft |
| 200 g | Gelierzucker 2:1 |

Die Quitten waschen, abreiben, das Kerngehäuse entfernen und in Stücke schneiden. Mit dem Apfelsaft in einen Topf geben und etwa 30 Minuten kochen, bis die Quitten weich sind. Mit dem Schneidstab pürieren und mit dem Gelierzucker 3 Minuten unter Rühren kochen lassen.

Das Quittenmus ist fein säuerlich, wer es süßer liebt, kann noch 1 oder 2 Esslöffel Vanillezucker oder braunen Rohrzucker unterrühren. Auch feingehackter Ingwer ist passend.

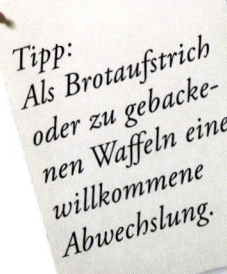

Tipp:
Als Brotaufstrich oder zu gebackenen Waffeln eine willkommene Abwechslung.

## Quittenmus, pikant

| | |
|---|---|
| 1 kg | Quitten |
| 2 | Zwiebeln |
| 2 EL | Rapsöl |
| 20 g | Butter |
| 2 EL | Roh-Rohrzucker |
| | Salz |
| ½ | Zimtstange |
| 2 | Nelken |
| ½ TL | Piment |
| ½ TL | Anis |
| 450 ml | Apfelsaft |
| 1 EL | Apfelessig |

Die Quitten waschen, abreiben, das Kerngehäuse entfernen und in Stücke schneiden. Die Zwiebeln abziehen und würfeln oder in Scheiben schneiden.

Das Öl in einem Topf erhitzen. Die Butter zufügen. Die Zwiebeln darin leicht andünsten. Die Quitten zufügen und kurz durchschmoren lassen. Roh-Rohrzucker, Salz, Zimt, Nelken, Piment und Anis zufügen, Apfelsaft und Apfelessig angießen. 25–30 Minuten kochen lassen, bis die Quitten weich sind, dann pürieren und abschmecken.

**Tipp:**
Sie können die Quitten auch entsaften und mit einem lieblichen Winzersekt aufgießen.

Tipp:
Eine pikante Beilage zu Wild!

## Süß-saure Kirschen

| | |
|---:|:---|
| 2 kg | Kirschen |
| ¾ l | Rotweinessig |
| 600 g | brauner Roh-Rohr-zucker |
| ½ | Vanillestange |
| 2-3 | Nelken |
| 1 Msp. | Macis, ersatzweise Muskatnuss |
| 100 ml | Kirschwasser |

Die Kirschen waschen, trocken tupfen und den Stiel nur etwa 1 cm stehen lassen. Die Kirschen mit einer Nadel anstechen.

Den Essig mit braunem Roh-Rohrzucker, aufgeschnittener Vanillestange, Nelken, Zimtstange und wenig Macis oder Muskatnuss zum Kochen bringen. Nach dem Abkühlen die Kirschen zufügen und 20–24 Stunden darin ziehen lassen.

Die Kirschen mit einem Schaumlöffel herausnehmen und in Gläser füllen. Den Alkohol zufügen. Den Essigsud etwas einkochen lassen und über die Kirschen gießen und verschließen.

Nach 2–3 Monaten sind die Kirschen eine ausgefallene Beilage zu Wild und Käse.

## Rote Birnen

| | |
|---:|:---|
| 1 kg | Birnen |
| 500 g | Brombeeren |
| 100 g | Zucker |
| 100 g | Gelierzucker 1:1 |
| 1 EL | Vanillezucker |
| 1 Stange | Zimt |

Die Birnen waschen, schälen, halbieren und das Kerngehäuse entfernen. Die Brombeeren waschen. 300 g Brombeeren mit 100 ml Wasser bei niedriger Temperatur kochen lassen und durch ein Sieb abtropfen lassen, die Beeren ausdrücken.

Brombeerbrei mit Zucker, Gelierzucker, Vanillezucker und Zimt in einen Topf geben. Die Birnen zufügen und 10 Minuten köcheln lassen. Die restlichen Brombeeren zufügen. Abkühlen lassen, entweder in Gläser füllen oder als Beilage zu Wild servieren!

# Fliederblüten-Aufstrich

| | |
|---:|---|
| 200 g | Butter |
| 4 | Eigelbe |
| 150 g | Rohrzucker |
| 200 ml | Fliederblütensirup |
| 2 TL | fein abgeriebene Zitronenschale |
| 2 EL | Zitronensaft |

Die Butter in einen Topf geben, verflüssigen und etwas abkühlen lassen. Die Eigelbe, den Rohrzucker, Fliederblütensirup, Zitronenschale und Zitronensaft zufügen und gut verrühren. Unter ständigem Rühren langsam erhitzen, bis die Masse dicklich wird. Sie sollte jedoch nicht kochen.

Um Fliederblütensirup herzustellen – die beste Zeit ist April – erhitzen Sie 1250 ml Wasser mit 1 kg Zucker. 3 Minuten köcheln und dann erkalten lassen. Dazu kommen 25 g Zitronensäure und 1 ½ in Scheiben geschnittene Bio-Zitrone. Abgedeckt im Kühlschrank 6 Tage stehen lassen. Durch ein Sieb in saubere Flaschen füllen.

Im Sekt oder Secco oder auch in einer Bowle ist dies ein besonderer Genuss. Ein einfaches Vanilleeis oder eine Vanillesauce wird durch das Beträufeln mit Fliederblütensirup zur Delikatesse!

*Tipp:*
*Ein leckerer Aufstrich auf Toast und Kuchenbrot. Vermischt mit Dickmilch eine Bereicherung auf dem Frühstückstisch und eine ausgefallene Ergänzung zum Käse.*

# Backwaren

## Für den Teig:

| | |
|---|---|
| 150 g | Dinkelvollkornmehl |
| 30 g | Butter |
| 25 g | frische Hefe |
| 1 TL | Zucker |
| 2 EL | Chiliöl |

## Für den Belag:

| | |
|---|---|
| 1 ½ | rote Zwiebeln |
| 1 | dünne Stange Lauch |
| 3 EL | Rapsöl |
| 50 ml | Wild- oder Gemüse-brühe |
| 400 g | Hackfleisch vom Wild wie Wildschwein, Reh und Hirsch |
| 3 | Eier |
| 1 EL | Haselnussmehl |
| 1 EL | Dinkelmehl |
| 1 EL | grober Senf |
| 1 EL | Tomatenmark |
| 1 TL | getr. Thymian |
| | Salz |
| | frisch gem. schwarzer Pfeffer |
| ½ TL | gem. Koriander |
| | abgerieb. Muskatnuss |

Butter und Mehl für die Form

### Hausgemachter Wildfleischkuchen

Für eine Form von etwa 23 cm Durchmesser

Das Mehl auf ein Brett sieben. Die Butter in kleine Stücke schneiden und mit dem Mehl abbröseln. Eine Mulde formen. Die Hefe hineinbröckeln, den Zucker zufügen und mit 100 ml Wasser verrühren. Abgedeckt bei Zimmertemperatur 25 Minuten ruhen lassen.

Inzwischen die Zwiebeln abziehen und in feine Würfel schneiden. Den Lauch gründlich waschen und in schmale Ringe schneiden.

Das Öl in einer Pfanne erhitzen und den Lauch darin unter Rühren leicht dünsten. Die Zwiebel kurz zufügen und mit der Brühe ablöschen. Etwas einkochen, vom Herd nehmen und erkalten lassen. Mit dem Wildhackfleisch, Eiern, Haselnuss- und Dinkelmehl vermischen. Mit Senf, Tomatenmark, Thymian, Salz, Pfeffer, Koriander und Muskatnuss pikant würzen.

Das Chiliöl zu dem Teig geben und gut durchkneten, nochmals kurz gehen lassen.

Den Backofen auf 185 °C Unter- und Oberhitze vorheizen.
Die Form mit Butter einfetten, mit Mehl bestäuben, überschüssiges Mehl ausklopfen und die Form kurz in den Kühlschrank stellen.

Den Teig am besten auf Backpapier ausrollen. Die Form damit auslegen, dabei einen Rand hochziehen und 10 Minuten ruhen lassen. Das Wildfleischgemisch auf dem Teigboden verteilen und im Backofen, mittlere Einschubleiste, 45–50 Minuten backen.

# Laugensterne und Stockbrot

**Für den Teig:**

| | |
|---|---|
| 200 g | Weizenmehl, Type 550 |
| 15 g | frische Hefe |
| ½ TL | Zucker |
| 200– 250 ml | Milch |
| 25 g | gesalzene Butter |
| | Salz |

**Für die Lauge:**

| | |
|---|---|
| 60 g | Natron |
| 1 ½ TL | Salz |

**Zum Bestreichen des Gebäcks und für die Dekoration:**

| | |
|---|---|
| 1 | Eigelb |
| 1 EL | Milch |
| | grobkörniges Salz |
| | Mohn, Sesam, Lein- samen, nach Belieben |
| | Kornblumenblüten, Heublumen |

Ausstechform Stern, Backpapier

Für 18–20 Sterne, 6–7 cm Durchmesser

Das Mehl in eine Schüssel sieben. In die Mitte eine Vertiefung drücken. Die Hefe hineinbröckeln, Zucker zufügen und mit 200 ml lauwarmer Milch verrühren. Den Vorteig abgedeckt an einem warmen Ort 15–20 Minuten gehen lassen. Die Butter aus dem Kühlschrank nehmen.

Die weiche Butter und das Salz unter den Teig kneten, eventuell noch etwas Milch zufügen und verkneten. Nochmals gehen lassen, bis sich das Teigvolumen verdoppelt hat.

Inzwischen 1 1/4 Liter Wasser, Natron und Salz aufkochen. Ein Backblech mit Backpapier auslegen. Den Backofen auf 200 °C vorheizen. Eigelb mit Milch verrühren.

Den Teig ausrollen, Sterne ausstechen und nochmals kurz gehen lassen. Vorsichtig in die nur siedende Lauge geben, das geht am besten mit einem Pfannenwender. Einige Sekunden ziehen lassen, herausheben und abgetropft auf das vorbereitete Blech legen. Dünn mit der Eigelb-Milchmischung bestreichen. Sofort mit grobem Salz bestreuen. Einige Sterne zusätzlich mit Mohn, Sesam, Leinsamen, Kornblumenblüten und Heublumen bestreuen.

Im Backofen auf der mittleren Einschubleiste 10–12 Minuten goldgelb backen. Abkühlen lassen und servieren.
Lecker zum Aperitif, Bier, Wein, Saft oder einfach so!

## Stockbrot

| | |
|---|---|
| 300 g | Dinkelvollkornmehl |
| 300 g | Dinkelmehl, Type 1050 |
| 30 g | Hefe |

Das Mehl in eine Schüssel sieben. In die Mitte eine Vertiefung drücken. Die Hefe hineinbröckeln und den Zucker zufügen. 175 ml erwärmtes Wasser mit Hefe und Buttermilch verrühren. Den Vorteig abgedeckt an einem warmen Ort 15–20 Minuten gehen lassen.

| 1 TL | brauner Zucker |
| 4 EL | Buttermilch |
| | Salz, Kümmel, |
| | Fenchel, Anis |

außerdem 4 Holzstöcke

Salzen und nach Belieben mit Kümmel, Anis und Fenchel würzen.
Den Teig in vier Portionen teilen und um Holzstöcke wickeln.
Am Lagerfeuer, auf dem Grill draußen oder zu Hause im vorgeheizten Backofen backen. Sollten Sie das Stockbrot im Backofen backen, dann auf 195 °C vorheizen, in etwa 45 Minuten haben Sie ein leckeres knuspriges Stockbrot.
Dazu ist die Zwiebelmarmelade von Seite 167 besonders zu empfehlen.

Backwaren

# Gefüllte Kartoffelbrötchen

| | |
|---:|:---|
| 350 g | Kartoffeln |
| 60 g | Walnusskerne |
| ca. 280 g | Dinkel- oder Weizen-vollkornmehl |
| 9 g | Trockenhefe (1 Tütchen) |
| 1 TL | Zucker |
| 2 EL | Rapsöl |
| | Salz |

**Für die Füllung:**

| | |
|---:|:---|
| 1 | kleine reife Birne |
| 50 g | Schafkäse |

Backpapier für das Blech

Die Kartoffeln waschen, in der Schale etwa 30 Minuten weich kochen, pellen und noch warm durch die Kartoffelpresse drücken. Die Walnusskerne hacken.

Das Mehl mit den erkalteten Kartoffeln vermischen. In die Mitte eine Vertiefung drücken. Hefe mit Zucker hineingeben. 100 ml warmes Wasser zugießen und zu einem Brei verrühren. Abgedeckt an einem warmen Ort 20 Minuten gehen lassen. Das Rapsöl und die Nüsse zufügen, salzen und den Teig gut durchkneten. Nochmals abdecken und gehen lassen, bis sich das Volumen verdoppelt hat.

Inzwischen die Birne waschen, vom Kerngehäuse befreien und ungeschält in kleine Stücke schneiden. Den Schafkäse zerbröckeln.

Den Teig zu einer Rolle formen. Sechs oder acht gleichmäßig große Stücke abschneiden und ausrollen. Jeweils etwas von der Birne und vom Schafkäse hineingeben und verschließen. Auf ein mit Backpapier ausgelegtes Blech geben, mit Wasser bestreichen und nochmals kurz gehen lassen.

Den Backofen auf 180 °C Ober- und Unterhitze vorheizen. Die Brötchen auf mittlerer Schiene hineingeben, etwa 50 Minuten backen.

# Wäller Weihnachtsbrötchen mit roter Zwiebelmarmelade

| | |
|---:|---|
| 50 g | Rosinen |
| 3 EL | Christians Tropfen aus der Birkenhof Brennerei |
| 300 g | Dinkelvollkornmehl |
| 2 TL | Backpulver |
| 3 EL | Sonnenblumenöl |
| 175 ml | Milch |
| 1 | Apfel |
| 50 g | halbfesten Ziegenkäse |
| | Salz |

Für 6 Brötchen

Die Rosinen in den Christians Tropfen einweichen. Das Dinkelvollkornmehl mit dem Backpulver mischen. Sonnenblumenöl, Milch und Rosinen zugeben. Den Apfel waschen und ungeschält grob reiben. Den Käse raspeln und beides zum Teig geben, salzen.

Den Backofen auf 190 °C vorheizen. Ein Backblech mit Backpapier auslegen. Aus dem Teig sechs gleich große Brötchen formen, über Kreuz mit einem Messer einritzen und auf das Blech legen. Mit Wasser bestreichen und im Backofen auf der mittleren Schiene etwa 40 Minuten backen.

Lecker dazu ist eine würzige Rote Zwiebelmarmelade:
600 g rote Zwiebeln abziehen, halbieren und in dünne Halbringe schneiden. 3 Esslöffel Öl in einem weiten Topf erhitzen und die Zwiebeln darin dünsten. Mit Salz und 100 g braunem Rohrzucker bestreuen und unter Rühren weiter garen. 50 ml Himbeeressig und 200 ml Aroniasaft angießen. 1 Lorbeerblatt und 1 Thymianzweig zufügen. Noch etwa 20 Minuten bei niedriger Temperatur kochen lassen. Jetzt 40 g Gelierzucker zufügen, mit Piment, Pfeffer und eventuell noch Salz würzen. Nach 3 Minuten vom Herd nehmen, Thymianzweig entfernen, einige frische Thymianblättchen zufügen und erkalten lassen.

Nach Belieben können Sie auch 1 Teelöffel eingelegte Pfefferkörner unterrühren.

# Bärlauch-Napfkuchen

| | |
|---:|:---|
| 60 g | Butter |
| 2 | große Eier |
| 30 g | frischer Bärlauch |
| 2 EL | Raps-, Oliven- oder |
| | Sonnenblumenöl |
| ½ TL | brauner Rohrzucker |
| 100 g | Ziegenfrischkäse |
| | Salz |
| 1-2 Msp. | Muskatblüte |
| 70 g | gemahlene Mandeln |
| 1 TL | Backpulver |
| 70 g | Dinkelmehl, Type 630 |
| | |
| | Butter und Mehl für |
| | die Form |

**Für die Garnitur:**
Cocktailtomaten und frische Knospen und Blüten (mit Stiel) des Bärlauchs

Für eine Napfkuchenform von 17 cm Durchmesser
Die Napfkuchenform mit Butter ausstreichen und Mehl ausstäuben; überschüssiges Mehl ausklopfen. Die Form in den Kühlschrank stellen. Butter und Eier aus dem Kühlschrank nehmen.

Den Bärlauch waschen, grob zerkleinern und mit dem Öl pürieren. Den Backofen auf 185 °C Ober- und Unterhitze vorheizen.
Die weiche Butter mit Eiern und Zucker schaumig rühren. Den Ziegenkäse zufügen und weiter rühren. Mit Salz und Muskatblüte würzen. Mandelmehl und das mit Backpulver vermischte Dinkelmehl kurz unterrühren. Den Teig in die Form füllen und im Backofen auf der 2. Einschubleiste von unten 35 Minuten backen.

Aus dem Ofen nehmen, 15 Minuten in der Form stehen lassen, dann stürzen. Nach dem völligen Auskühlen dekorativ auf einer Tortenplatte servieren, Knospen und Blüten in die Mitte geben und außen mit Cocktailtomaten garnieren.

Wenn die ersten Sonnenstrahlen uns im Frühling nach draußen locken, dann ist auch Bärlauchzeit. Auf feuchten Böden in Laubwäldern können Sie fündig werden, aber etwas vorsichtig sollten Sie schon sein. Zu leicht kann man den Bärlauch mit den giftigen Herbstzeitlosen oder Maiglöckchen verwechseln. Ein sicheres Zeichen für Bärlauch ist der Duft nach Knoblauch. Zerreiben Sie einfach ein Blatt, denn vor der Blüte schmeckt er am besten. Er hinterlässt auch keine Geruchsspuren wie es beim Knoblauch passieren kann.
Wenn Sie unsicher sind, auf dem Wochenmarkt finden Sie ihn bestimmt! Mein Bärlauch hat sich einfach selbst im Garten so vermehrt, dass ich daraus Pesto und Pasten auf Vorrat herstelle. Die zarten Blätter nehme ich vorrangig für Salate. Püriert verfeinert er Suppen, als Pesto werden Nudelgerichte zu besonderen Geschmackserlebnissen.

# Gedeckter Apfelkuchen

| | |
|---|---|
| 160 g | Dinkelmehl, Type 1050 |
| 90 g | Butter |
| 1 Msp. | Salz |
| 20 g | Hefe |
| 2 EL | saure Sahne |
| 1 | Ei |

**Für die Füllung:**

| | |
|---|---|
| 700 g | Äpfel, vorzugsweise Bohnäpfel |
| 1 | unbehandelte Zitrone |
| 75 g | Rosinen |
| 2 EL | Apfel- oder Mirabellenbrand |
| 65 g | Butter |
| 50 g | Roh-Rohrzucker |
| 35 g | gemahlene Haselnüsse |
| 1 EL | Vanillezucker |
| je 2 Msp. | Koriander, Piment, abgeriebene Muskatnuss, Zimt Ingwerpulver |
| 1 Msp. | Salz |

**Zum Bestreichen:**

| | |
|---|---|
| 1 | Eigelb |
| 2 EL | Milch |

Butter und gem. Haselnüsse für die Form
Nach Belieben 200 ml Sahne

Für eine Form von 23 cm Durchmesser

Das Mehl bergartig auf ein Brett sieben. Salz zufügen und die kalte Butter fein hineinschneiden. Mit den Fingern abbröseln. Eine Mulde formen, die Hefe hineinbröckeln. Die saure Sahne und das Ei zufügen. Alle Zutaten miteinander vermischen und schnell zu einem glatten Teig verkneten. Abgedeckt 50–60 Minuten ruhen lassen.

Die Äpfel waschen, vom Kerngehäuse befreien und in kleine Stücke schneiden. Die Zitrone heiß abwaschen, trocken tupfen, die Hälfte der Schale abreiben und den Saft auspressen. Die Rosinen in Apfel- und Mirabellenbrand einlegen. Die Form mit Butter einfetten und Haselnussmehl ausstäuben. In den Kühlschrank stellen.

Die Butter in einem Topf zerlaufen lassen. Den Roh-Rohrzucker und die gemahlenen Haselnüsse zufügen und unter Rühren leicht karamellisieren lassen. Mit Vanillezucker, Koriander, Piment, abgeriebener Muskatnuss, Zimt, Ingwerpulver, Salz, Zitronenschale und -saft würzen. Unter stetem Rühren einige Minuten garen. Vom Herd nehmen und erkalten lassen.

Den Backofen auf 185 °C Ober- und Unterhitze vorheizen.

2/3 des Teiges auf Backpapier ausrollen und in die Form gcbcn. Einen Rand hochziehen. Die abgekühlten Äpfel darauf geben. Den restlichen Teig zu einem kreisrunden Deckel ausrollen und auf die Füllung setzen. Die Teigränder fest andrücken. Überstehenden Teig abschneiden und daraus eine Sonne formen. In die Mitte des Kuchens setzen. Das Eigelb mit Milch verrühren und den Kuchen damit bestreichen. Im Backofen, 2. Schiene von unten, 50–55 Minuten backen.

Nach dem Abkühlen nach Belieben mit Sahne servieren.

# Weinbergpfirsich-Kuchen mit Ziegenkäse

**Für den Teig:**

| | |
|---|---|
| 200 g | Weizenmehl, Type 812 |
| 1 | Ei |
| 1 | Eigelb |
| 100 g | kalte Butter |
| 1 Msp. | Salz |
| | |
| 1 kg | Rote Weinbergpfirsiche, Fruchtfleisch ca. 700 g |
| 200 g | Ziegenfrischkäse |
| 2 | Eier |
| 55-60 g | Zucker, je nach Süße der Früchte |
| 1 ½ EL | Speisestärke |
| 35 g | Mandelmehl |

Butter und Mandelmehl für die Form

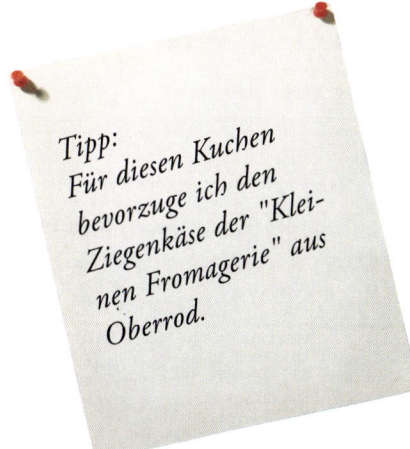

Tipp:
Für diesen Kuchen bevorzuge ich den Ziegenkäse der "Kleinen Fromagerie" aus Oberrod.

Für eine Form von etwa 23 cm Durchmesser

Das Mehl auf die Arbeitsplatte geben. In die Mitte Ei, Eigelb, die in Stücke geschnittene Butter und Salz geben. Zu einem Teig verkneten. In Folie wickeln und für etwa 1 Stunde in den Kühlschrank legen.

Die Weinbergpfirsiche mit kochendem Wasser überbrühen, nach 5 Minuten abschrecken, die Haut abziehen und die Früchte entsteinen.

Die Form mit Butter ausstreichen und Mandelmehl ausstreuen. Den Backofen auf 185 °C Ober- und Unterhitze vorheizen.

Den Ziegenfrischkäse mit Eiern, Zucker und Speisestärke verrühren.

Den Teig am besten auf Backpapier ausrollen. Die Form damit auskleiden und einen Rand hochziehen. Den Teig mit Mandelmehl bestreuen. Die Weinbergpfirsiche darauf verteilen. Mit der Ziegenkäsemasse begießen und im Backofen etwa 50 Minuten backen. Abkühlen lassen, aufschneiden und als Dessert genießen.

Der Rote Weinbergpfirsich, auch unter dem Namen Weingartenpfirsich bekannt, ist eine hocharomatische Frucht. Zeitweise ist er in Vergessenheit geraten. Vor einigen Jahren wurden jedoch wieder kleine Bäume auf brachliegenden Weinbergflächen gepflanzt. Winzer schlossen sich zusammen, zumal das Land Rheinland-Pfalz die Anpflanzung förderte. Obstbrände und Liköre werden allerorts angeboten.
Im August und September kann ich die Zeit kaum erwarten, denn es lassen sich daraus mit etwas Gelierzucker köstliche Konfitüren und Kompott herstellen. Die Verbindung mit Ziegenkäse ist auf jeden Fall einen Versuch wert.

# Sauerteigbrot

**Für den Sauerteigansatz:**

| | |
|---|---|
| 200 g | Roggenvollkornmehl |
| 1 TL | Kümmel |

**Für den Vorteig:**

| | |
|---|---|
| Je 100 g | Dinkel- und Weizen-vollkornmehl |

**Für den Hauptteig:**

| | |
|---|---|
| 42 g | frische Hefe |
| 1 TL | Rohrzucker |
| 220 g | Dinkelvollkornmehl |
| | Salz |
| 10 g | Brotgewürz, gemahlen wie Anis, Fenchel, Koriander, Kümmel |

Butter und Mehl für die Formen

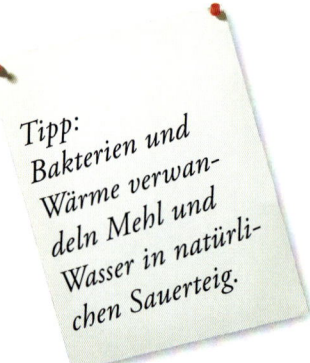

Tipp: Bakterien und Wärme verwandeln Mehl und Wasser in natürlichen Sauerteig.

Zunächst den Sauerteigansatz herstellen. Dazu 100 g Roggenvollkornmehl mit 125 ml lauwarmem Wasser und Kümmel verrühren. Abgedeckt bei Zimmertemperatur 24 Stunden stehen lassen. Nun 50 g Roggenvollkornmehl und 60 ml lauwarmes Wasser zufügen, unterrühren und wieder 24 Stunden stehen lassen.

Die letzten 50 g Roggenvollkornmehl mit 60 ml lauwarmem Wasser hinzufügen, unterrühren und wiederum 24 Stunden stehen lassen. Sobald der Teigansatz kleine Blasen bildet und frisch säuerlich riecht, kann er weiterverarbeitet werden.

Für den Vorteig den Sauerteig mit Dinkel- und Weizenvollkornmehl und 170 ml lauwarmem Wasser vermischen und abgedeckt über Nacht gehen lassen.

Für den Hauptteig Hefe und Rohrzucker in 175 ml lauwarmem Wasser auflösen. Das Dinkelvollkornmehl, Salz und Brotgewürz zufügen und mit dem Vorteig gut verkneten. 2 – 2 ½ Stunden gehen lassen.

Eine runde Form mit Butter einfetten und mit Mehl bestäuben. In den Kühlschrank stellen. Den Teig durchkneten und in die Form geben. Erneut 30 Minuten gehen lassen.

Den Backofen auf 210 °C Ober- und Unterhitze vorheizen. Das Brot mit Wasser bestreichen und einkerben. Eine kleine, mit Wasser gefüllte feuerfeste Schale auf den Boden des Backofens stellen. Das Brot auf der mittleren Schiene etwa 60 Minuten backen. Zum Servieren das kleine salzglasierte Gefäß mit Salz füllen und in die Mitte setzen oder wie in unserem Fall zur Hauseinweihung „Brot und Salz" verschenken.

**Tipp:**

Dies ist ein klassisches Sauerteigbrot. Um das nächste Mal Zeit zu sparen, können Sie sich das langwierige erste und zweite Ansetzen des Sauerteigs sparen. Nehmen Sie einen kleinen Rest Sauerteig weg, füllen diesen in ein Schraubglas und verwahren es im Kühlschrank. Alternativ gibt es auch fertigen Sauerteigansatz im Handel zu kaufen.

# Gewürze

### Kelten Gewürz

Gundelrebe
Bärlauch
Brennnessel
Beifuß
Schabzigerklee

### Römer Gewürz

Pfeffer
Ingwer
Zimt
Liebstöckel
Selleriesaat
Kreuzkümmel
Dill
Koriander
Minze
Bohnenkraut
Weinraute
Lorbeerblätter
Asant
Myrte

### Wäller Gewürz

Mädesüß
Heublume
Koriander
Kornblumen
Thymianblüten
Schafgarbenblüten
Petersilie
Sellerie
Salz

Nach Belieben kann sich jeder seine eigene Würzmischung erstellen. Mit etwas Salz verfeinert, bekommen die Gewürze ihre eigene Note.

# Rezepte alphabetisch

# Danksagung

Fotos, Informationen zum Westerwald-Steig inkl. Karte und Logo wurden mit Genehmigung vom Westerwald Touristik-Service, Montabaur, zur Verfügung gestellt. Dafür bedanken wir uns!

Ebenfalls möchten wir uns bei allen anderen Touristik-Informationen, Kulturämtern, Pressebüros und Freundeskreise für zur Verfügung gestellte Fotos bedanken.

Unser besonderer Dank gilt auch der Arbeitsgemeinschaft Westerwald-Ton e. V. in Neuwied, Dipl.-Kffr. Gudrun Schmidt und Dr. Schlotmann.

Dank an Martin Fandler, Fotograf in Steinebach/Ww. und Uwe Rose, Hergenroth, Vorsitzender und Webmaster der Westerwälder Foto-Freunde e. V., die großzügig ihre stimmungsvollen Fotos zur Verfügung gestellt haben.

Helmut Heintges, Königswinter, danken wir herzlich für die Tierfotografien, welche durch Geduld und Hingabe sowie ihre Gestaltung überzeugen.

Für das Einführungsfoto auf Seite 2, das aus der Fotoausstellung „Heimat – aus meiner Sicht" (2014) der Handwerkskammer Koblenz stammt, möchten wir uns bei Fotografenmeister und Staatspreisträger Werner Baumann aus Höhr-Grenzhausen herzlich bedanken.

Das Foto von Koblenz-Ehrenbreitstein stammt von P!ELmedia / P!ELstudios, Herbert Piel, der schon oft unsere Bücher illustrierte.

Ein besonderer Dank gilt Franke Veldman, Koch und Foodstylist, für die außergewöhnlich gelungenen Foodfotos.

Herrn Eugen Zitzer und Kollegen von Photo Porst in Neuwied danken wir für die stets perfekten Fotoarbeiten.

Michael Vogt vom CeraTechCenter (CTC) Höhr-Grenzhausen danken wir für den Kontakt nach Limoges/Frankreich und zur europäischen Keramikstraße „Via Ceram".

Firma ASA danken wir für das zur Verfügung gestellte Porzellan auf den Seiten 109, 117, 152, 171, 174, 181, auf dem die Speisen so gut zur Geltung kommen.

Bei Jopeko-Keramik aus Ransbach-Baumbach bedanken wir uns für den zur Verfügung gestellten Keramiktopf auf Seite 140 und die Schale auf Seite 112.

 Ebenfalls gilt unser Dank dem Kartographiestudio Jochen Fischer in Aichach, das exklusiv für dieses Buch eine Karte des Westerwald-Steigs erstellt hat.

# Adressen

Birkenhof-Brennerei, Steffi und Peter Klöckner
Auf dem Birkenhof, 57647 Nistertal
Tel. 02661 98204-0, Fax 022661 98204-10
besuch@birkenhof-brennerei.de,
www.birkenhof-brennerei.de

Struthof-Brennerei, Marianne Lieber
Struthof 1, 57648 Unnau
Tel. 02661 2461, Fax 02661 40341
struthof-brennerei@t-online.de
www.brennerei-struthof.de

Alte Mühle Stein-Wingert, Heinz und Monika Adam
Mühlenweg, 57629 Stein-Wingert
Tel. 02688 253, info@muehle-stein-wingert.de

Brombeerschenke mit Brombeerweinkellerei
Hof Haselberg, 56567 Leutesdorf
Tel. 02631 71242, info@brombeerschenke.de

Café Windlück, Steffi Mück-Bahr
Windlück 1, 56479 Rehe
Tel. 02664 990768, cafe@windlueck.de
www.windlueck.de

Fuchskaute Gastronomie GmbH
Geschäftsführer Achim Betz
An der B 414, 56479 Willingen
Tel. 02667 961930, Fax 02667 9619333
team@fuchskaute.de, www.fuchskaute.de

Historisches Landhotel Studentenmühle
Studentenmühle 1, 56412 Nomborn
Tel. 06485 91220, Fax 06485 9122 300
info@studentenmuehle.de, www.studentenmuehle.de

Hofgut Dapprich
Dappricher Hof, 56479 Seck/Westerwald
Tel. 02663 918720, www.hofgut-dapprich.de

Hotel Zugbrücke Grenzau GmbH
Olaf Gstettner & Familie
Brexbachstraße 11-17, 56203 Höhr-Grenzhausen
Tel. 02624 1050, info@zugbruecke.de
www.zugbruecke.de

Köppelhütte, Auf der Montabaurer Höhe
56235 Ransbach-Baumbach
Tel. 02623 1280

Landgasthof Limbacher Mühle
Mühlenweg 5, 57629 Limbach
Tel. 02662 958361, Fax 02662 958387
info@limbacher-muehle.de
www.limbacher-muehle.de

Land- und Teichwirtschaft Stähler GmbH & Co. KG
Mühlenhof, 65589 Hadamar-Niederzeuzheim
Tel. 06433 2018, Fax 06433 5960
wolfram-nicole.staehler@t-online.de,
www.westerwaelder-fischzucht-staehler.de

Restaurant Röttger
Hauptstraße 50, 56477 Rennerod
Tel. 02664 9936-0, Fax 026664 90453
info@hotel-roettger.de, www.hotel-roettger.de

Romantik Hotel Alte Vogtei, Familie Wortelkamp
Lindenallee 3, 57577 Hamm
Tel. 02682 259, Fax 02682 8956
alte-vogtei@romantikhotels.com, www.altevogtei.de

Die „Kleine Fromagerie", Claudia Schäfer-Trumm
Obere Wiesenstraße 8, 56479 Oberrod
Tel. 02664 90493, Fax 02664 990641
info@kleine-fromagerie.de, www.kleine-fromagerie.de

Vidal Feinkost GmbH und Bistro
Feincheswiese 15, 56424 Staudt
Postfach 2151, 56406 Montabaur
Tel. 02602 934510-0, Fax 02602 93451099
info@vidal-feinkost.de
www.vidal-feinkost.de

## Firmen – Porzellan, Keramik, Glas, Holz

ASA Selection GmbH
Rudolf-Diesel-Straße 3, 56203 Höhr-Grenzhausen
Tel. 02624 189-0, Fax 02624 18936
info@asa-selection.de
Keramik-Handel: kontakt@asa-selection.com
www.asa-selection.com

Der Schlondes GmbH
Bergstraße 20, 56235 Ransbach-Baumbach
Tel. 02623 2271, Fax 02623 4768
info@derschlondes.de
www.derschlondes.de

Jopeko-Keramik, Joh. Peter Korzilius II,
Rheinstraße 150, 56235 Ransbach-Baumbach
Tel. 02623 2268, Fax 02623-4816
info@jopeko.com, www.jopeko.com

RASTAL GmbH & Co. KG
Rastal-Straße 1, 56203 Höhr-Grenzhausen
Tel. 02624 160, www.rastal.de

Westerwälder Holzpellets GmbH
Markus Mann, Schulweg 8-14, 57520 Langenbach
Tel. 02661 6262-0, Fax 02661 6262-55
info@ww-holzpellets.de, www.ww-holzpellets.de

## Künstler

Private Galerie Butzchen
Brigitte Butzchen-Nowack
Hauptstr. 10, 56412 Hübingen
Tel. 06439 901151, bnowack@buergerpost.net
www.brigitte-butzchen.de

Hans-Bernhard Olleck, Bildhauer
Waldstraße 32, 56412 Niederelbert
Tel. 02602 16629, h.b.olleck@freenet.de
www.olleck-art.de

Hans Otto Lohrengel, Bildender Künstler, Bildhauer
Finkenstr. 5, 53547 Breitscheid
Tel. 02638 94267, www.lohrengel-art.de

Im Tal – Stiftung Ulla und Erwin Wortelkamp
Schulstraße 18, 57635 Hasselbach
Tel. 02686 604, Fax 02686 8139
post@im-tal.de, www.im-tal.de

K. O. Götz und Rissa Stiftung
Maler, Dichter, Wissenschaftler
Niederbreitbach-Wolfenacker
www.ko-götz.de

Keramikgruppe Grenzhausen
Martin Goerg, Susanne Altzweig, Monika Debus,
Fritz Roßmann
Brunnenstraße 13, 56203 Höhr-Grenzhausen
Tel. 02624 5953, Fax 02624 952049

Matten Feuerstellen
Vor der Bitz 2, 56470 Bad-Marienberg
Fax 02661 7055612
guenter-matten@web.de, www.matten-feuerstellen.de

Susanne Boerner Gute Miene . art work . metal work
. edition
Bergstraße 20, 56235 Ransbach-Baumbach
Tel. 02623 924053, Fax 02623 4768
info@susanne-boerner.de, www.susanne-boerner.de

Thomas Heinz und Tanja Corbach
Bergstraße 7, 57614 Steimel
Tel. 02684 1739, Fax 02684 978180
info@thomas-heinz.de, www.thomas-heinz.de

# Karte des Westerwalds

Bad
Laasphe

Haiger
Dillenburg
Wilhelmsturm

orf

eid
Erdbacher
Höhlen

Schloss
**HERBORN**
Beginn des Westerwaldsteiges

Merken-
bach
Sinn

riedorf
Greifenstein
Burg
Greifenstein

A45

Dill

Ehrings-
hausen

Holzhausen

Aßlar

A480

Besucherbergwerk
Grube Fortuna

Allendorf

ers-
n

Leun

**WETZLAR**

Biskirchen

berg
Löhnberg

Braunfels

**HESSEN**

Weilburg

Lahn

h

kel

llmar

Bad Camberg

u    n    u    s

# Bildnachweis

ASA: S. 91
Baumann, Werner: S. 2
Busch, Sibylla: S. 76 rechts
Butzchen-Nowack, Brigitte: S. 76 links
City of Limoges, European Affairs: S. 89, 90 oben
Dom2508, Wikimedia Commons als GNU Free Documentation License, lizensiert unter http://creativecommons.org/licenses/by-sa/4.0/: S. 47
Fandler, Martin: S. 19, 41 unten, 52, 53, 55 oben, 58, 65, 67, 71, 79, 80, 102
FBL II Ordnung, Kultur & Soziales, Breitscheid: S. 26, 27, 28
Freundeskreis der Isenburg e. V.: S. 69
Heintges, Helmut: S. 54, 75, 100, 101
Heinz, Thomas: S. 44
Kartographiestudio Jochen Fischer: S. 48/49
Ketz, Matthias: S. 62 rechts Mitte und rechts unten
Kissel, Renate: S. 13, 15 rechts, 30, 32, 45, 51 oben, 66, 77, 87, 93, 97
Kissel, Uta: S. 86, 99
Kultur/Verkehrsverein Limbach e. V.: S. 64 oben
Launer, Gerhard: S. 16
Lanio, Jürgen: S. 33, 34, 35
Letschert, Peter: S. 92
Lissmann, Joachim: S. 94, 95 – VG Bild-Kunst, Bonn
Lohrengel, Hans Otto: S. 96 rechts

Matten, Günter: S. 96 links
Merz, Brigitte: S. 12, 55 unten
Piel, Herbert: S. 6/7
Pressebüro der Stadt Neuwied: S. 20, 23
Röder-Moldenhauer, Uwe: S. 62 großes Foto sowie rechts oben
Rose, Uwe: S. 25, 31, 36, 60, 61, 192
Schäfer, Marie: S. 22
Sayn-Wittgenstein: S. 8, 10
Sibelco: S. 84
Stadt/VG Höhr-Grenzhausen/Westerwald Touristik Service: S. 11, 81, 82, 83, 88
Stiftung Sayner Hütte: S. 9
Tourist Information Bad Marienberg: S. 37
Touristik-Verband Wiedtal e. V., Waldbreitbach: S. 46
Töbel, Rudi: S. 98
Tourist Information Hachenburg: S. 39, 40, 41 oben
Triep, Ulrich: S. 15, 17, 51 unten, 64 unten
Vidal: S. 103, 104, 105
Verbandsgemeindeverwaltung Montabaur Tourist Information: S. 14, 42, 50, 57, 73
Werbebahnhof Enspel: S. 63
Wirtschafts- und Tourismusförderung Selb: S. 90 unten
Wortelkamp, Markus: S. 68

Foodfotos: TLC Fotostudio, Velen-Ramsdorf

# Impressum

192 Seiten mit 173 Abbildungen und 2 Karten

Titelbild: „Nisterbrücke bei Marienstatt": Fotostudio Martin Fandler, Steinebach a. d. Wied

Große Westerwaldkarte mit Sternchen, S. 188/189: Kartographiestudio Jochen Fischer, 86551 Aichach, jt@kartographiestudio.de, www.kartographiestudio.de

Bibliografische Information der Deutschen Nationalbibliothek
Die Deutsche Nationalbibliothek verzeichnet diese Publikation in der Deutschen Nationalbibliografie; detaillierte bibliografische Daten sind im Internet über http://dnb.d-nb.de abrufbar.

© 2015 Nünnerich-Asmus Verlag & Media, Mainz am Rhein

ISBN 978-3-943904-99-4

Gestaltung: Manuela Wirtz

Lektorat: Mascha Schnellbacher, Patrick Pütz, Antonia Pohl

Gestaltung des Titelbildes: Sebastian Ristow

Printed by Nünnerich-Asmus Verlag & Media

Weitere Titel unseres Verlagsprogramms finden Sie unter: www.na-verlag.de

Kleiner See in Hergenroth